英語と日本語のあいだ

菅原克也

講談社現代新書
2086

はじめに

「コミュニケーション英語」の必要性が声高に叫ばれている。

英語を通じて意思を疎通できる能力（英語によるコミュニケーション能力）の不足が憂慮され、実践的なコミュニケーション能力を養うための英語学習の方法が、さまざまに模索されている。そもそも、平成二十五（二〇一三）年度から施行される高等学校の新指導要領では、科目名じたいが「コミュニケーション英語」に変更されようとしている。これから高校生が学ぶことになるのは、単なる「英語」ではなく、「コミュニケーション英語」なのである。

英語によるコミュニケーション能力が重視されるのは、もはや当然のことと受けとめられている。「世界共通語」として機能しつつある英語の地位は、ここしばらく揺らぐことはないであろう。いわゆるグローバル化が不可避な状況において、「世界共通語」としての英語の運用能力を身につけることは、とても重要なことだとされる。

「コミュニケーション英語」にふくまれる「コミュニケーション」という言葉から、人びとがまず思い描くのは、口頭でのコミュニケーションであろう。英語で話す、英語で話が通じる、そのような場面を、多くの人びとは英語によるコミュニケーションが成立する場だと考える。簡単に言えば、英語を話せる力が、英語によるコミュニケーション能力であると考えられている。

ただし、そもそも英語を話せる力とは何か、という問いを発するなら、答えを出すのは容易ではない。まず、どのようなレベルを設定するのか。挨拶ができる、自己紹介ができる、簡単な用事を済ますことができる、世間話ができる、インタビューに応じることができる、交渉ができる、プレゼンテーションができる、講演ができる、等々と考えてゆけば「話せる力」によって思い描かれるレベルは、人によりさまざまに異なるであろう。

「話す」ということのなかには、当然「聞く」こともふくまれる。仮に、英語で簡単な用を足すことができる——英語を通じて自分の要求を満たす、もしくは、英語で尋ねられたことに反応し、相手が求めていることに応じる——ことが英語を話せる力なのだとすれば、自分の要求に対して相手がどう答えたか、あるいは、相手が何を尋ねているかがわからなければ、話したことにはならない。コミュニケーションは成立しない。英語を話せることは、英語が聞き取れることを前提とする。口頭のコミュニケーションにおいて、両者は表裏の関係にある。

一方で、英語を読んだり、書いたりすることは、あまり議論にならない。英語による

「コミュニケーション」を思い描く際、あまり意識されることがない。だが、現代のコミュニケーション手段を考えるなら、電子メールでのやりとりは不可欠である。そこでは、届いたメールの英語を正確に読みとり、(誤解をまねかない)英語で返事を書くことが求められる。英語を書く力の重要性がましている点は、もっと認識されてよいはずだが、そのことはあまり話題にならない。

日本人の英語力が問題とされる場合、俎上《そじょう》にのせられるのは、ともかく英語を話す力である。話して通じる英語力が強く求められる。だが、どの程度に話せて、どのようなことが通じればよいのか、あまりはっきりしたことは論議されない。英語の母語話者のような発音で、切れ目なく、よどみなく話せることが求められているのだろうか。流暢でなくてはいけないのだろうか。英語を話すことが求められるのはよいとして、それがどのような英語なのか、あまり具体的に語られることはない。

仮に、よどみなく英語を話す能力を身につけるには、どれほどのことをしなくてはならないのか。どのような環境で、何をしなくてはならないのか。現実をふまえた議論は、意外なほど少ない。英語を話せなくてはという、きわめて漠然とした思いばかりが先行しているように思える。

こうした点について、はっきりとした見通しがないためか、現在、英語の能力試験——

ＴＯＥＩＣ、ＴＯＥＦＬといった試験——の点数が一人歩きする状況がみられる。「コミュニケーション英語」の能力とは、英語の能力試験で高得点をあげる能力だという、逆立ちした理解すらみられる。英語によるコミュニケーション能力をじゅうぶんに備えた人は、試験でも高得点をあげるであろう。だが、試験で高得点だったからと言って、実際のコミュニケーションの場で期待される能力が発揮できるとはかぎらない。

本書は、「コミュニケーション英語」が重視される今日、日本人英語学習者はどのようにして英語の運用能力を高めてゆくべきなのか、いかなる力を身につけるべきなのか、学校での英語教育はどうあるべきかを、あらためて考えてみようとするものである。ここで「日本人」とするのは、日本語を母語として育ち、日本語を母語と意識し、日本語によって日常生活をいとなんでいる人びとを指す。髪の色や目の色、国籍や帰属意識に関わる言い方ではない。母語は日本語だと考える人びとは、どのように英語を学んでゆけばよいのか、また学ぶべきなのかを、あらためて確認してみようとする試みである。

本書の記述は、「コミュニケーション英語」重視の風潮のなかで、広く唱えられている意見とは、大きく立場を異にする。そのような主張をする理由については、本書を最後までお読みいただければ、理解していただけるものと信じる。主眼となるのは、日本人として英語という外国語とどう向き合うべきなのか、という点である。

筆者は、これまで二十年以上にわたり、大学の教室で英語を教えてきた。そうした立場にある者として、はじめに個人的な観察と感想を述べる。つぎに、文部科学省が新指導要領で打ちだした、高等学校の英語の「授業は英語で行う」という方針に疑義を呈する。そのうえで、高等学校段階までの学校英語では、文法の学習と「読む」力の涵養《かんよう》に力を注ぐべきであるとの主張を述べる。また、読む力を養うには、どのような勉強をおこなうべきか、教室で読む力を鍛える「訳読」とは何かについて論じる。さらに、英語という外国語と日本語のあいだには、どのような関係を考えるべきなのか、そもそも英語による「コミュニケーション」とは何なのかという点について、若干の考察を試みたいと思う。

本書は、日本人英語学習者にとって、英語の学習とはいかなるものなのか、いかにおこなわれるべきかについて、ある主張を述べようとするものである。また、論を進めるにあたって、現在、英語の学習に取り組みつつある人びと――高校生から一般の方々まで――に向けて、ささやかな助言をも織り交ぜておいたつもりである。

目次

はじめに―――3

第一章　日本語の環境で英語を学ぶこと―――13

英語学習をとりまく変化／帰国子女と日本人英語学習者／英語に対するあきらめ／外国語運用能力を測るモノサシ／日本の教育制度のなかの英語学習／発音の基本が身についていない／発音についての知識／聞く力と再現する力／rとlの区別／発音記号が読めない／音声重視の落とし穴／英語を読む授業は必要ない？／読む力は備わっているか／「話せない」元凶としての入試／教室の外は日本語の世界／単語の意味を覚えれば英語は読めるか／真の語彙力／インプットあってのアウトプット／読む力は軽視できない

第二章　英語で英語を教えることの是非―――45

「英語の授業は英語で」／盛り上がりを欠いた議論／求められるコミュニケーション

能力／指導要領の不思議／「二十四時間が英語の世界」ではない／否定疑問の難しさ／英語という外国語の基礎／should see と should have seen を英語で教えられるか／文法は「おのずから」身につくか／文法など削ればよい？／母語（日本語）という回路／日本語で知りたいという自然な欲求／四択・正誤問題という受け身／変質を遂げる授業／受け身ではない授業／高度な英語に挑戦できる力／「読む」回路

第三章　読む力を鍛える――79

英語教育の悪弊という批判／訳読の評判が芳しくない理由／精読の訓練／英語の文章を音読する／訳読と直読直解の往復／ナナメ読みは好ましくない／立ち止まらないこと／身の丈にあう知識／何を「多読」するか／語彙力を前提とした聞き取りの力／つぎの語を予測する力／「聞く」力は「読む」力に比例する／テキストなしでラジオ講座を聞く

第四章　英語を日本語に訳すこと――109

文の構造を捉える／補語としての left ／ for ～ to ～のまとまり／構文を把握する力

／総合的な英語力の基礎／日本人教員がはたしうる役割／レトリック満載の英語に挑めるか／so … that の対応関係／but then という表現／多義語の語義を見定める／電子辞書と英語学習／「使える」英語力とは

第五章　翻訳と訳読――対応するもの・見合うもの――　141

訳読と翻訳はちがう／言葉・テキスト・文化という要素／テキストが成立する文化的背景／英語の手紙には英語の作法がある／翻訳元・翻訳先どちらを尊重するか／対訳本と映画の字幕／訳読の最優先課題／「クジラの公式」／自分なりの英文理解を伝える／「あお」は blue ではない／identity に対応する日本語はない／語義の一部としての訳語／辞書の訳語は翻訳にすぎない／どの訳語を選択するか／「こころ」の訳語／「よろしく」という融通無碍／perspective につづく前置詞／連語関係の感覚／bitter complaint は苦い不満ではない／等価性の意識／英語のテキストと日本語のテキストのあいだ

第六章　英語学習とコミュニケーション能力――185

外国語学習の出発点としての日本語／日本語と英語の変換／学校教育の知恵／コミュニケーションを志向する授業／母語との変換を意識しない口頭表現／日本語で言えることが英語で言えない／英語と日本語の接点／自分自身の思考能力に砥石をかける／等価とは言いがたいもの／英語の表現法をいかに学ぶか／コミュニケーションの経路をふさがない／応用のきく定型口語表現／英語という言葉の約束事／メッセージの文脈を共有する／自分自身のメッセージを伝えられるか／基礎力あっての応用力／多彩な慣用表現／日本人英語学習者に期待されること／「世界共通語」としての英語／まず読む力

あとがき――227

第一章　日本語の環境で英語を学ぶこと

英語学習をとりまく変化

大学生を相手に英語を教えて、もう二十年以上になる。その間、大学レベルでの英語教育にはさまざまな変化が訪れた。そのことから、書きはじめよう。大学での英語の授業を語ることで、中学校、高等学校の英語教育や、日本人英語学習者一般の問題をも、あわせて考えることができると思うからである。

ここ二十数年のあいだに起きた、もっとも大きな変化は、音声が重視されるようになったことである。かつて英語の授業と言えばテキストの読解が主であったが、しだいに英語の音声に関わる力、とくに聞き取り能力の重要性が認識されるようになった。いろいろな機器が導入され、英語の音声に関わる授業が、カリキュラムのひとつの柱を形成するようになった。教材も工夫され、初中級レベルから上級レベルまで、さまざまな授業が展開できるようになっている。

大学入試のセンター試験にも、英語の聞き取り試験が加えられた。独自に聞き取り試験をおこなっていた大学がいくつかあったなかで、起こるべくして起こった変化である。大学入学以前の教育においても、大学入学以降の教育においても、聞き取り重視の流れはほぼ定着しつつある。

また、英語を話す力を身につけたいという強い願望に応えるなかで、いわゆるスピーキングの授業もふえた。日本人教員が担当することもあるが、多くは英語母語話者（一般にネイティヴ・スピーカーと呼ばれる）による授業である。これは英語母語話者の存在が、日本社会で身近なものになったという状況とも関係するであろう。簡単に言えば、英語を母語とする教員の手配が容易になったということである。クラスの大きさ（一クラスの人数）をなるべく小さくしようとする努力もつづけられている。クラスの規模が小さければ小さいほど、一人の学生が話す機会もふえる。話す機会がふえれば、話す力はおのずからついてゆくのだと考えられている。

一昔前にくらべると、英語の音声に対する学生たちの抵抗感は、かなり少なくなっている。かつては英語母語話者の話す英語に、一種の違和感を持つ学生も、けっして少なくはなかった。笑い話のようだが、英語母語話者が話す英語は自分たちが習っている英語とは少しちがう、ヘンだと感じる感覚が、日本人英語学習者のなかに、かつて少なからず存在したものである。

そうした変化があったなかで、最近気になることがいくつかある。第一に、英語を読むことが軽視され、その結果として読む力がしだいに低下してきていること。第二に、英語の発音の基本が身についていない学生がめだつこと。そして第三に、英語に対する根深い苦手意識を持つ学生が、むしろふえているのを感じることである。

帰国子女と日本人英語学習者

三つ目の問題から考えてみよう。これには、多くの要因が関わっているはずだが、統計的な意識調査といった資料を持つわけではないので、私自身が身近に耳にする声をもとに、私なりに想像してみようと思う。

私自身が学生だったころから、いわゆる帰国子女たちの存在がめだつようになった。英語圏で長く教育を受けたり、非英語圏でも、英語による教育をおこなう学校に通っていた学生たちが、日本の学校の英語の教室に姿をあらわしはじめたのである。現在では、そのような学生はけっして珍しい存在ではない。中学校の教室にも、高等学校の教室にも、数多くの帰国子女がいる。帰国子女がほとんどという大学の学部もある。

私自身が学生だったころは、まだまだ例外的な存在だった帰国子女たちだが、その英語力には圧倒された。発音の良さ、話す英語の滑らかさは、いくら努力しても追いつけるレベルではないと思えた。そもそも、ラジオから流れる英語のニュースが聞き取れる、ということが驚異だった。大学に入りたてのころ、耳から入る英語のニュース、当時はＦＥＮ（Far East Network、極東駐留米軍向けラジオ放送、現在はＡＦＮ＝American Forces Network と改称）の定時ニュースを聞き取る（書き取る）力があるかどうかが、高度な英語力の指標のように言われたものである。大学に入ってはじめてFENの存在を知った私などは、はじめのころ、何を言っているのかほとんどわからなかった。当時のFENは、現在の日本人英語学習者にとっては、さしずめCNNにあたるだろうか。CNNのニュースは画像があるので、多少内容の理解の助けになるが、ラジオの場合は、完全に耳に頼るほかない。ニュースのあいだに差しはさまれる、現地からの電話リポート（その音質たるや劣悪をきわめた）などは、単語を拾うことすら難しかった。それが、ほぼ完全に聞きとれて理解できるというのだから、驚異というほかなかった。

ただし、そのころの大学は、英語の授業といえば、ほとんどがテキストの読解にあてられていた。したがって、授業の準備としては、ともかくも辞書を引いて、テキストの構文や意味を読み解き、内容を理解すればよい。日本語に訳せれば、それでよかったのである。英語がきちんと日本語に訳せる人こそ、英語がよくできる人であるという認識も、ある程度共有されていたように思う。日本語に訳す点では、帰国子女たちにだって、何とか対抗できるだろうという気持ちを持つこともできた。

そのような、帰国子女たちと日本人英語学習者の関係が、ここ二十数年のあいだに、しだいに変化してきた。もちろん、帰国子女たちも、日本で生まれた人びとがほとんどである。「はじめに」では、日本人学習者について、日本語を母語とし、日本語で日常の生活をいとなんでいる人という定義を下しておいた。ここではさらに、日本語以外の言語環境を長く経験したことのない者、バイリンガリズム（二言語使用）の環境や、マルティリンガリズム（多言語使用）の環境に身を晒《さら》したことのない者、という条件をつけ加える必要があるだろう。そうした、二言語以上の使用に慣れた帰国子女たちと、日本語という言語環境しか経験したことのない、一般の日本人英語学習者のあいだの関係に、大きな変化が生じたのである。

英語に対するあきらめ

何といっても、帰国子女たちの絶対数は、いまやかなりのものである。中学校や、高等学校や、大学の教室ではけっして珍しい存在ではなくなっている。大学入試における帰国子女枠の条件には該当しなくても、大学入学前の一時期に、英語圏に滞在した経験を持つ学生は少なくない。教室をみわたしてみて、英語圏以外もふくめた海外滞在経験者が何人かいるという状況は、ごく当たり前のことになりつつある。また、テレビやラジオ等で、とくに英語圏からの帰国子女たちが、英語と日本語のあいだを自由に行き来し、活躍する姿を、ごく当たり前のように見聞きするようにもなった。

そうした帰国子女たち、海外滞在経験者たちを前に、日本語の言語環境しか経験したことのない学生たちは、英語の授業のなかで、ともすれば萎縮してしまう。母語のように英語を操る（と映る）帰国子女たちとの絶対的な英語力の差、自分自身が過去に持ち得なかった海外経験の差を意識するとき、多くの日本人英語学習者は、授業がはじまる前から萎縮し、気兼ねし、後ずさりする。あるいは、帰国子女たちの英語と、自分たちが身につけようと思う英語とを、はじめからちがうものだと考えたりする。そのような現場を、私は数々目撃してきた。

キコク——帰国子女たちはしばしばこのように呼ばれる——の存在が、日常的な風景となったとき、英語の教室には微妙な変化が訪れた。いくら勉強しても、キコクのようにはなれない。キコクみたいに英語が使えるようになる（話せるようになる）のは、ムリだ。キコクじゃなければ、英語の試験でいい点は取れない、といった英語学習に対する意欲の低下、一種のあきらめが、少なからぬ日本人英語学習者のあいだに広がりはじめたのである。これは、英語の授業において、聞き取りや会話・口頭発表の能力を重視し、試験等で音声が重視されるようになった流れと、密接に関係していたと考えてよい。

それは、小学校高学年の音楽の教室で、小さいころからピアノやヴァイオリンを習っていた子どもに対し、楽器を習ったことのない子どもが感じる劣等感に近いかもしれない。

ピアノが弾ければとは思うものの、いまからはじめても、あのレベルに達することはない、と多くの子どもたちはあきらめてしまう。学校の音楽の時間に、楽譜すら満足に読めない子どもたちが、ピアノやヴァイオリンの得意な子どもたちに抱く思いには、複雑なものがあるだろう。

外国語運用能力を測るモノサシ

ピアノはだめでもギターならという中学生、高校生がいるように、英語がだめなら中国語（スペイン語、ロシア語、韓国語……）でも、という外国語学習者がいてもよい。そのような人はげんにたくさんいるし、いるべきだと思う。実際、英語以外の外国語を専門に勉強した人びとのなかには、何らかのかたちで英語学習に抵抗を覚えた人が少なくない。外国語を学ぶうえで、求められる努力の質と量は変わらないから、英語学習に抵抗を覚えた人に、英語学習の適性が欠けていたわけではない。だが、何となく英語は避けておきたいという気持ちを持った人が、世の中には少なからずいるのである。

どの外国語を学ぼうと思うか、という外国語学習の動機づけには、さまざまな要素がからむ。たまたまその言葉を話す人と知り合いになった、というようなこともあれば、ある言葉が話される地域の文化に強い関心を持った、ということもある。他国の言葉と接する機会の多い地域に住んでいて、その言葉を話すことが生活するうえでどうしても必要だ、という場合もある。

世の中には語学が苦手だという人もいれば、好きだという人もいる。英語に苦労していて、語学は苦手だと思う人は、英語以外の言葉に尻込みするかもしれない。一方、語学の好きな人が、いろいろな言葉を学ぶ機会はじゅうぶんに提供されるべきである。(英語以外の)さまざまな言葉を学ぼうとする気持ちを、広く受け入れる雰囲気が、日本の社会にはあってよい。

ところが、現在の英語学習をとりまく状況は、きわめて特殊なものになりつつある。何はともあれ英語ができなくてはならない。語学の好きな人が、ほかの外国語を学ぶのは自由だとして、まずは英語である。英語ができることが社会的な資格のように言われ、英語学習に対する社会的圧力のようなものが働きつつある。

「できる」という言葉であらわされる英語の運用能力は、ともあれ英語が「話せる」ことのようである。期待される水準は、日本にいる帰国子女たちの運用能力が、漠然と考えられていたりする。

帰国子女の英語力といっても、じつは千差万別である。母語話者に近い運用能力を身につけている場合もあれば、英語に慣れているというにすぎない場合もある。そうした個々の英語力のちがいはあるものの、日本で英語を学んできた生徒たち、学生たちの多くは、彼らが口にする英語を「流暢」だと感じる。話していて沈黙することがない、途切れないというだけで、圧倒されてしまう。思わず自分の英語発話能力と引きくらべてしまう。

教室での英語学習が目標とする英語力が、帰国子女たちの英語力なのだとすれば、英語圏での海外体験を持たずに来た生徒たち、学生たちが、根深い苦手意識を持つのは当然のことである。高校レベルであれ、大学レベルであれ、ともかくも流暢に英語を話す力が教室で重視されるのだとしたら、日本語以外の言語環境を知らずに来た日本人英語学習者たちが、帰国子女たちのなめらかな（と耳には聞こえる）英語を前に、一種の無力感に近い感情を抱くのはよく理解できる。英語力、もしくは広く外国語運用能力を測るモノサシはいくつもある。そのモノサシがひとつだけ――話す能力――になってしまうと、日本人英語学習者は息苦しい状況におかれる。社会全体をみわたしたとき、英語学習熱は一層の高まりをみせる一方、英語学習に対する苦手意識が、深く潜行しつつあるようにも思える。

日本の教育制度のなかの英語学習

学校で学ぶ教科の学習到達目標が、家庭環境や生い立ちといった、学習者本人の努力のおよばないところで決定される能力レベルなのだとしたら、教室で英語を学びはじめる生徒、学生たちの学習意欲は、大きくそがれてしまうことになりかねない。何も下地のないところで、一からはじめる学習の成果が評価されないのであれば、生徒たち、学生たちがかわいそうである。

教室で英語を学びはじめる日本人英語学習者にも、地道に努力してゆけば、必ず道が開けること、上達する道のあることを、きちんと納得させなくてはならない。いまは、帰国子女たちに（少し）水をあけられているにしても、こつこつ真面目にやってゆけば、やがては彼らに伍してゆくことができるという見通しを、はっきり示してやる必要がある。

ここまでの話の流れで、帰国子女と呼ばれる人びとを、一種の特権階層とみなしていると思われたなら、それは私の本意ではない。家庭の事情で日本国外での生活を強いられ、日本語という母語の環境から、突然外国語の環境に放り込まれた際の苦労は、しばしば想像を絶するものがある。それを、後にいたるまで心の傷として語る帰国子女たちも少なくはない。また、日本に帰国したあとに経験したつらいことも、さまざまにあったはずである。

キコク、などという呼び方で十把ひとからげにされてしまう彼らの立場も、思いやってみなくてはならない。彼らの多くは、自らこころざして二言語（多言語）使用者になったわけではない。それは、日本国内にいながら、家庭内の言語事情等によって、二言語（多言語）使用者となった多くの人びとにも言える。一般の日本語話者とは異なる言語環境に置かれたからといって、彼らが、ラクをして英語やほかの外国語、そして日本語を身につけたわけではない。

帰国子女たちが身につけてきた英語力、二言語（多言語）運用能力は、日本の社会において貴重なものである。彼らはその能力を大いに発揮する機会を与えられるべきだろう。それが、彼らがくぐり抜けてきた困難な経験にむくいる道である。

問題としたいのは、あくまでも現行の日本の教育制度のなかでの、英語学習のあり方である。日本の教育環境における学習到達目標の設定であり、学習努力に対する評価の仕方である。日本の教室において英語を教える以上、海外体験など持たない大多数の生徒、学生が、高い学習意欲を維持できる雰囲気を保つことが必要となる。そうした、教育態勢の根幹に関わることが、近年の英語教育論議のなかでは、あまり意識されていないように思う。

発音の基本が身についていない

二つ目の問題、発音の問題に移ろう。現在の英語学習をとりまく環境を考えるなら、英語の発音の基本が身についていない学生がめだつのは、奇妙な現象だとも言える。

さきにも触れたように、近年の英語学習における音声重視の傾向は、疑いえない事実である。教室では、聞き取りの授業がほぼ定着しつつある。英語の音声に触れる機会は、数十年前とは比較にならないくらいふえた。みずから求めれば、テレビやラジオやインターネットで、あるいはCDやDVDを通じて、いくらでも英語の音声に耳をさらすことができる。多少の出費を惜しまなければ、英語の音声教材はいくらでも手に入る。

一方、大学の教室には、驚くほど発音の悪い学生がいる。近年、むしろふえているように感じる。これについて同じ意見をもつ同僚も少なくない。もちろん、教室に帰国子女はたくさんいるし、英語圏での語学研修等を経験した学生も多い。申し分のない発音ができる学生はたくさんいる。問題は、その驚くべき格差である。

発音が悪いというのは、英語の音の基本的な区別に関わること、および単語それぞれの発音の要点に関わることである。日本的な訛りが抜けない、という意味ではない。訛りはあって構わない。重要なのは、区別ができないと困る英語の発音が、きちんとできていない学生が数多くいるということ、単語としてきちんと発音できていない場合があるということである。

発音についての知識

教室で学生たちの英語の発音を耳にしていると、［ʃiː］と［siː］の区別、つまりsheと

see の区別といった、基本的なことができていない学生が数多くいるのに気づく。

私が高校生のころ、

She sells seashells by the seashore.

などという、早口言葉のような文を教わったことがある。ただし、このような文がスラスラと言えるようにならなくてはだめだ、と言っているわけではない。「彼女」をあらわす she の音と、see や sea の音はきちんと区別して発音できなくてはならない。すくなくとも、このふたつの音がちがう音だということは、知識として知っておいてほしい。発音上の区別をめぐる知識が重要となる例は他にいくつもあるが、そのような区別は、上手い下手にかかわらずきちんと理解している必要がある。

また、英語としての発音の仕方と、発音の要点を知らないと困る単語もたくさんある。たとえば、日本語でカタカナ表記されることの多い、

liquid（液体）

という単語の発音は「リキッド」ではなく、[líkwid]（「リクウィッド」に近い）だということは、知識として知っておく必要がある。

いま、発音についての知識、という表現を用いた。この「知識」という言い方に、疑問を持つ方もたくさんおられることだろう。発音は知識などではなく、発音できるかできないかという、いわば実技の問題ではないか、というわけである。だが、じつはそのような考え方そのものに、現在の英語教育をめぐる問題点のひとつが、集約されたかたちであらわれているように思われる。

聞く力と再現する力

英語教育において音声が重視されるようになったことは、すでに書いた。教室ではくりかえしCDやDVDの音源が流される。生徒や学生たちは、生の英語の音に慣れていると考えられている。ふんだんに耳から入ってきているのだから、さぞかし発音はよいであろうと考えると、判断を誤る。耳から聞こえるからといって、それが自分で再現できるかどうかはわからない。英語の音声を聞く力と、英語の発音を再現できる力とは、別ものだと考えた方がよいくらいである。

考えてもみてほしい。世の中には物真似の上手な人と下手な人がいる。自分が生まれ育った地域の日本語とはちがう訛りを持つ日本語を、上手に真似ることができる人がいる一方、そのようなことがとても苦手な人もいる。いわゆる方言を話す環境に育ち、成長してから「標準語」をたくみに操るようになる人もいれば、方言の訛りがけっして抜けない人もいる。訛りを指摘してみせても、それが自覚できない人もたくさんいる。現在は、テレビ等でいくらでも標準語を聞く機会はある。耳からはふんだんに標準語が入ってくるのに、標準語の発音を真似ようとして、うまくできない人はたくさんいるのである。

つまり、耳で聞いた発音を、そのまま自分で再現できる人もいれば、できない人もいるということである。これは個人差がはげしい。英語母語話者の発音を身近に耳にする機会があるとして、その発音を上手に真似ることができるかどうかは、人によるのである。

これについては、十代前半の年齢に達する前に、母語以外の言葉を習得する機会を持つかどうかが大きいともされる。十二、三歳と推定される、ある年齢をむかえる前に、英語の音を学ぶ機会を持てば英語らしい発音ができるようになると、一般には信じられている。ただし、CDやDVD、あるいはテレビといった機械の音源を通じての学習は、効果が少ないとも言われる。小さいころからテレビを通じて標準語に親しんでいても、標準語の発音の再現が苦手な人がたくさんいることを考えれば、これは納得がゆく。生身の人間が日常的に標準語（これはしばしば東京言葉と同じものだと考えられている）を話す環境になければば、標準語の発音を身につけることは難しい。同じように、英語を母語とする人間にじかに接する機会がなければ、耳から入る英語の発音を身につけることは、なかなか難しい。

物真似上手な人は、成人したあとも、耳から入った音を上手に再現することができるだろう。では、物真似が苦手な人はどうすればよいか。そこで有効になるのが、発音についての知識を身につける、ということである。

rとlの区別

たとえば［r］と［l］の発音の区別は、知識としてじゅうぶんに学ぶことができる。自分の口のかたちや、舌の位置がどうなっているか、ということを意識して何度も練習すれば、物真似が下手でも［r］と［l］は区別して発音できるようになる。ちなみに［r］と［l］とでは、［l］の発音の方が、日本人英語学習者にとっては面倒でやっかいである。［r］の時は、口先を少しすぼめ、舌を口のなかで浮かせるようにすればよい。［l］の時は、舌の先を上の歯の裏側（歯茎のあたり）にしっかりつけることになる。これは、実際の単語や文のなかで発音しようとすると、かなり難しく感じる。

さきに触れたsheとseeの発音の区別については、実際の発音を矯正してもらえる場があった方がよい。発音の仕方について一応の説明は可能だが、これは［r］と［l］の区別ほど簡単ではない。教室で何度か練習して、[ʃiː] の音と [siː] の音がまったく異なる音であるということを、(うまくできるかどうかは別として) まずは知識として学んでおくべきである。

発音記号が読めない

いま、she と see の発音の区別について説明をしながら、[ʃiː] や [siː] といった発音記号を用いた。liquid の発音についての説明でも [líkwid] という発音記号を用いた。この発音記号が、現在はおそろしく不人気である。大学入学以前、発音記号についてきちんと学んでこなかった、という大学生はけっして珍しくない。発音記号など読めなくて当たり前、という風潮にすらなりつつある。judge (審判、判事) という単語は知っていても、この単語の発音を発音記号で書いた [dʒʌ́dʒ] が読めない生徒、学生が多いだろうことは、じゅうぶんに予想できる。liquid の発音をあらわす [líkwid] についても、多少の不安が残る。

それに対して、発音記号など知らなくともよいではないか、という意見があるかもしれない。また、発音記号は学ぶのが難しいので、中学生、高校生には教えなくてよい、むしろ教えない方がよい、という意見が力を得ているのも事実のようである。音声の教材がふんだんにある時代に、文字情報としての発音記号の学習など不要ではないかという考え方は、一見もっともな意見のように響く。また、近年、急速に普及した電子辞書の多くには音声機能がついており、単語を引いてボタンを押せば、辞書が単語を音声として発音してくれる。実際の発音を音声として耳にできるのだから、発音記号など知らなくとも単語の発音はわかるはずだ、というわけである。

だが、耳から入る音声を、自分自身で再現してみせるのは、簡単な話ではない。日本人英語学習者のほとんどは、おそらく電子辞書が発する音をそのまま真似ることはできないであろう。また、英語母語話者が発音する音や、ＣＤやＤＶＤから流れてくる音を、そのまま真似ることも、容易なことではない。発音の基本を知識として教えるにあたって、きわめて有効な手段である発音記号を軽視するのは、生徒たち、学生たちから、有効な学習手段を奪っているにひとしい。

音声重視の落とし穴

発音記号が敬遠される理由も、わからないではない。日本語のカタカナで表記すれば「ア」や「オ」にしかならない音が、英語にはそれぞれ数種類ある。しかも、英語圏内でも発音に関する地域差があって、話はさらにやっかいになる。発音記号で記される

［ɑ］、［a］、［ʌ］、［æ］（以上「ア」）や、［o］、［ɔ］（以上「オ」）といった音の区別を、上手に（たとえばアメリカ英語風に）発音するのは容易ではない。［ə］などという、カタカナ表記に困ってしまう音もある。こういった発音の区別は、日本人英語学習者がもっとも困難を感じるところである。教室で授業を担当する日本人の先生方も、しばしば苦労しておられることだろう。きちんとした模範を示せるかどうか自信の持てないことを、先生方が敬遠するのは当然といえば当然である。

けれども、たとえば短母音か長母音か二重母音かといった母音の区別を、知識として、さらには文字情報として学ぶことは、英語を聞いたり話したりするうえで、きわめて重要なことである。物真似のけっして上手ではない多くの日本人英語学習者は、この区別をまず発音記号を通して学ぶのが早道である。たとえば、

fit［fít］　短母音
feet［fíːt］　長母音
fate［féit］　二重母音

といった三つの単語の発音記号は、目から入る情報として容易に区別できるし、知識とし

て定着しやすい。そのうえで［i］（本来は［ɪ］と表記される）と［iː］における「イ」の音は、互いにまったく異なる音で、短母音の［i］（［ɪ］）は日本語（標準語）の「イ」と「エ」のあいだぐらいのあいまいな音であり、一方、長母音にあらわれる［i］は日本語の「イ」に近い。二重母音の［ei］の最初の音である［e］は、日本語の「エ」より口のまわりの緊張が弱い、といった発音のコツを知識として与えると、学生たちの発音は驚くほどよくなる。

そもそも新しい単語に出会って、その意味を調べようとする際には、発音の仕方も同時に確かめておく必要がある。ところが、発音記号が読めなければ、せっかく辞書を引いても発音を学ぶことは不可能に近い。電子辞書に何度しゃべらせても、上手に真似ができるとはかぎらないし、耳から入る情報はどうしても定着度が低い。せっかくあたらしい単語（の意味）を覚えても、発音ができないというのでは、英語を話す際に使うことができない。じつは聞き取ることもできない。

英語の発音を知識として教えることには大きな意味がある。そのための手段として欠かせないのが発音記号である。音声として耳から入る情報量をふやしてゆけば、英語の発音はおのずから身につくという考え方は、多くの日本人英語学習者にはあてはまらない。英語教育における音声重視のひとつの落とし穴が、ここにあるように思われる。くりかえしになるが、英語の音声に触れる機会がこれだけ豊富になっているにもかかわらず、発音の悪い学生はけっして減ってはいないのである。

英語を読む授業は必要ない？

最後に、読む力について。

しばしば耳にすることだが、高校生が大学入学以前に身につける、もしくは身につけることが期待される英語力のなかで、読む力はじゅうぶんな水準にあると考えられている。社会一般でそのように考えられているフシがあるし、大学に入ってくる学生たち自身からも、そのような声を聞くことがある。難しい入学試験をくぐり抜けてきたのだから、そして入学試験の問題は基本的に読解問題だったのだから、読む力はもうじゅうぶんに備わっているはずだ、という考え方である。大学に入ったあとは、もはや英語を読む授業など必要ない、と考える大学関係者すらいる。

たしかに、大学の入学試験で出題される英語の問題は、筆記試験を課す性質上、読む力を試すという面が大きい。問題も、それほどやさしいわけではない。英語を読む力という点から言えば、入学試験のための準備をするなかで、かなりのレベルに達することができるはずである。

外国語の運用能力について語る際、しばしば外国語の四技能という言い方をすることがある。

四技能とは「読む」「聞く」「書く」「話す」の四つの能力のことである。大学の入学試験といった、大勢の受験生が対象になる場合、客観的評価をおこないやすい能力と、そうではない能力とにちがいが出てくるのは致し方ない。いま四技能について「読む」「聞く」「書く」「話す」という順序で紹介したのは、そのまま筆記試験で測ることが容易な能力の順番を示したまでである。「聞く」については、音源を受験生に届ける工夫さえすれば、「読む」についで、出題は容易である。「書く」力を測るには、採点のための厖大な労力を覚悟しなくてはならず、どうしても、分量を制限せざるをえない。「話す」にいたっては、数千人、数万人単位の受験生に対処することを考えると、実際の能力を測るのは不可能だと言ってよい。

そのような、筆記試験を実施するにあたっての制度的制約もあり、読む力、ついで聞く力を試すという性格が、入学試験においては強くなる。少し一般化すれば、情報を受けとる能力（理解力）を測定することが、情報を送りだす能力（表現力）を測定することより、重視されることになる。そして、このことをめぐり、ふたつの主張があらわれる。

読む力は備わっているか

ひとつは、すでに紹介した、入学試験を通過してきた大学生には、読む力の訓練は不要だという意見である。英語の入学試験が、読む力や聞く力といった理解力の測定であった以上、入学試験に合格した学生には、もはや理解力（とくに読む力）はじゅうぶんに備わっているとみなすことができる。あとは、入学試験で測定することが難しかった、表現力（とくに話す力）を磨く機会を提供すればよい、とする考え方である。

近年は、大学生の学力低下が一種の社会問題となり、しばしばその英語力も槍玉にあがる。中学校や高等学校で身につけておくべき力が、じゅうぶん身についていない学生がふえている、という指摘がなされる。また、いわゆるＡＯ（Admissions Office）入試や推薦入試による入学者がかなりの割合をしめるようになり、入学試験の性格そのものが大きく変わったとも言われる。したがって、入学試験を通過してきたからと言って、大学生として期待される学力がじゅうぶんに備わっているかどうかは、別の問題である。入学試験に合格したことが、そのまま英語を読む力が身についていることの保証にはならない。

それはそれとして、大学の（筆記）入学試験で課している読解力のレベルが、一般的な英語の運用能力の期待度からみて、どの水準にあるのかは考えてみる必要がある。たとえば、上位レベルにあると考えられる日本の大学生たちの読む力が、英語運用能力という点からみて、じゅうぶんな水準に達しているかどうかは、あらためて検討してみてよい。

「話せない」元凶としての入試

もうひとつの意見は、大学の入学試験で、読む力のような受け身の理解力ばかり測定しようとするために、日本の英語教育がねじ曲げられている、日本人英語学習者の英語力に偏りが生じている、という主張である。小難しい——としばしば言われる——読解問題の答えを出すような訓練ばかり強いられるから、簡単な口頭の受け答えもできない大学生が大量に生まれる。日本人英語学習者の多くが「話せない」状況を生んだ元凶は、大学の入学試験にほかならない。そもそも、英語を読む力を、それほど重視する必要はないのではないか、という意見である。

時に必要悪のように言われる入学試験の弊害を突こうとする意見である。だが、これには日本人英語学習者が教室で学んできた英語力をどう評価すべきか、という問題が密接にからんでくる。日本人英語学習者の学習到達度は、どの点から測定し、どのような力を評価すべきなのか。外国語としての英語学習において、読む力はどのように位置づけられるべきか。読む力を重視することには、どのような意味があるのか、という原理的な問題をまず考えなくてはならない。

教室の外は日本語の世界

日本の英語教育をとりまく基本的な条件を考えてみよう。

現在は、小学校段階での英語教育が実施に移されようとしていて、英語教育をとりまく状況は急速に変化している。ただし、英語が基本的には教室で学ぶ外国語であるという条件に変わりはない。ここに教室という言葉で言いあらわしているのは、中学校や高等学校といった学校の教室ばかりではない。多くの生徒たちが通う塾や予備校、さらには英会話学校のようなものをふくめて考えてもよい。日本に住んでいるかぎり、ほとんどの生徒たちは、教室という場で、外国語として英語を学ぶことになる。もちろん家庭環境によっては、家庭内で英語を使用する状況もありうるだろうが、そのような例はまだまだ少数だと考えてよい。

それは、一歩教室の外へ出たら、そこは日本語の世界だということを意味する。英語圏に移住して、生活言語として、生きてゆくために英語を学ばなくてはならない、という状況ではない。英語を学ぶにあたり、教室を出たところが英語の世界なのか、日本語の世界なのかという点は、大きなちがいとして考慮する必要がある。

教室を出たところが日本語の世界であって、生活言語として英語を学ぶ環境にない場合、「読む」ことは、外国語として英語を学ぶ重要な回路となる。読む力を養うことは、「聞く」「書く」「話す」をふくめて、総合的な英語力を伸ばしてゆくための、大事な基礎を固めることになる。読むことの重要性は、次章以降、さらに詳しく論じてゆくことになるが、英語を学ぶ手段、回路としての読む力は、あらためて見直されてよい。

残念ながら、現在の英語教育に関する論議のなかで、読む力を重視しようとする意見は、少数意見にとどまるかもしれない。日本語ですべて用が済んでしまう環境に暮らしていて、外国語として英語を学ぼうとする際、読む力を養うことがいかに有効な回路となりうるかについて、それほど深くは認識されていないのではないかと思われるからである。

単語の意味を覚えれば英語は読めるか

読む力について考えようとする際、押さえておくべき問題がひとつある。それは、読む力と語彙力との関係である。

読む力と語彙力の関係について一般に言われていることのなかで、かねがね気になっていることがある。それは「単語の意味さえわかれば英語は読める」、「単語の意味を覚えれば英語は読めるようになる」と考える英語学習者がきわめて多いことである。

語彙力、つまりどれだけの単語を知っているかが、英語の運用能力の大きな部分をしめることはまちがいない。知らない単語ばかりが並んでいる英文は、どれほど構文が単純であっても、ほとんど理解できない。これは読むことについても、聞くことについても言える。話す場面においても、必要とされる単語を知らなければ、たちどころに困ってしまうことになる。英語しか通じない環境で、病気や事故に見舞われた際、自分の症状や状況をうまく伝えられるかどうかは、語彙の力によるところが大きい。

だが「単語の意味さえわかれば英語は読める」ことはけっしてないし、「単語の意味を覚えれば英語は読めるようになる」こともない。これは断言してよい。英文を読むためには、文法の力や、構文を把握する力、さらには文脈を読みとる力など、さまざまな力が要求される。とくに、文法と構文に関する知識、それを目の前の英文に適応しつつ読み解く力が不足していては、いくら厖大な量の単語の意味を知っていても、英語が読めるようにはならない。ある単語がどのような文法的機能をはたし、各々の単語がどのような構文上の要素を成しているかを把握できなければ、文全体の意味はわからない。

どのようなことが話題になっているかは、どのような単語が並んでいるかで、おおよその見当はつくかもしれない。だが、どのようなことが言われているかは、並んでいる単語を漫然と眺めるだけではけっしてわからない。ある表現が目に入るとして、それが肯定されているのか否定されているのかすら、知りようがない場合がある。知っている漢字が並んでいるからといって、漢文が読めるわけではないのと、それは同じことである。

真の語彙力

語彙力が「単語の意味」に関する知識、というかたちで捉えられることが多いのも問題である。「単語の意味」と言う場合、多くの日本人英語学習者は、ひとつの英単語にひとつの日本語を対応させて考えようとする。そのうえで「意味」を丸暗記しようとしたりする。中学生、高校生レベルの英語学習においては、そのような段階を通過することも、時に必要とはなるだろう。だが、最終的には、語彙に関するそのような考え方からは抜けだす必要がある。

一般に「単語の意味」と言われるものは、英語の単語が持つ意味の広がりの一部をとらえた「翻訳」にすぎない。このことについては、後の章で詳しく論じるが、ひとつの英単語にひとつの日本語を対応させるのは、あくまで便宜的なものにすぎないこと、そこにしばしば無理が生じているという点を、一度は認識しておく必要がある。これは、ひとつの単語が多くの意味を持つ、いわゆる多義語にのみ関わることではない。

語彙力とは、ある単語の文脈上の意味を見定める力のことである。ある単語がどのような意味の広がりを持ち、同じような意味を持つ単語とどのような関係にあって、どう使い分けるのか、またどのような表現のなかで用いるのか、といったことに関する知識である。そのような知識を自分自身の表現のなかに生かしてゆける能力である。語形を変化させる力（たとえばsocietyという名詞からsocialという形容詞を導く力）も必要になる。そのような応用力をともなう知識があってはじめて、真の語彙力が身についたと言える。

語彙力をふやすために必要となるのは、英語と日本語の訳語の一対一の対応を暗記することではない。ある単語が実際に用いられる例になるべく多く触れる努力をすることである。要するに、たくさん読むことだと言える。読むためには語彙力が必要である一方、語彙力をふやすためには読む力がなくてはならない。まずは手近な辞書を引くところからはじめて、たくさん読める力、読む体力をつけてゆかなくてはならない。

インプットあってのアウトプット

文章を読むなかで語彙力をふやすことにより、実際に使える力も身についてくる。読むことは、単に情報を受けとる能力（理解力）にのみ関わることではない。情報を送りだす能力（表現力）を養うことにもつながる。応用力をともなった語彙力を身につけることで、書く力も話す力も身につけることができる。

インプット（input）とアウトプット（output）という言葉を用いるなら、インプット（入力）あってのアウトプット（出力）だということになる。インプットなしのアウトプットというものは考えにくい。そして、日本語で日々の生活がいとなまれる環境でのインプットを考えるなら、読む、ということがきわめて重要な役割をはたすことに気づかされるはずである。ことは、語彙の問題だけではない。英語の運用能力全般に関わることである。「聞く」ことにも、「書く」ことにも、そして「話す」ことにも関わることである。

読む力は軽視できない

英語が日常の生活言語である場合と、日本語の環境にあって教室で英語を学ぶ場合とでは、英語の学び方はおのずから異なる。教室のなかに擬似的な英語の環境を作りだすとしても、時間的な制約はまぬがれないし、教室を一歩出たら、そこは日本語の世界である。日本語をこそ、きちんと使ってゆくべき世界である。そうした基本的な英語学習の条件に目を向けた時、日本人英語学習者に開かれた学習の回路として、読む力の重要性が浮かびあがる。読む力を向上させ、読む体力をつけることが、総合的な英語力を養う手段となる。またそうであるからこそ、学校教育の場では、読む力をきちんと評価する必要がある。

先に、大学入学時の大学生の英語力に関して、読む力はじゅうぶんなのか、という問題設定をおこなった。結論から言えば、そこが出発点なのだ、ということにつきるだろう。

大学の入学試験準備をするなかで、読む力については、かなりのレベルに達することができる。だが、おそらく大学生たち自身が自覚しているように、すぐには読めない英語、よくわからない英語が、身の回りには溢《あふ》れているはずである。日本人英語学習者のほとんどは、自分自身の読む力はけっしてじゅうぶんだと思ってはいない。大学に入ったら、もう読む力の訓練など必要ないと考えるのは、誤りである。聞いたり、書いたり、話したりするためにも、読む力を養ってゆくこと、読む力を維持してゆくことが重要になる。「話す」ことだけにかぎってみても、日本語の環境のなかで力を伸ばしてゆくには、読む力の支えがどうしても必要となる。

読む力を軽視することは、けっしてできない。読む力を伸ばし、維持する努力をつづけることが、日本人英語学習者には必要である。そのように考えて、教室で大学生に接してきた私が、驚きをもって迎えたニュースがある。高等学校の英語の授業がまったくちがうものになろうとしている、というのである。それは、多くの日本人英語学習者が置かれている状況、条件を無視していると思えたし、高等学校で身につけておくべき英語力が、今後は保証されないことを意味していた。その影響は計り知れない。大学に身を置く者として、そして日本人として英語を学び、教えてきた者として、これはけっして看過できないことである。そのことを、次章で取りあげたいと思う。

第二章　英語で英語を教えることの是非

「英語の授業は英語で」

平成二十五（二〇一三）年度から、高等学校の英語教育が大きく変わろうとしている。科目名じたいが変更され、いわゆるコミュニケーション能力を一層重視した授業がおこなわれることになっている。

これから高等学校の教室に訪れようとしている変化については、文部科学省がホームページ上で公開している「新指導要領」を参照することができる。もっとも重要な点は以下の記述から浮かびあがることになる。

英語に関する各科目については、その特質にかんがみ、生徒が英語に触れる機会を充実するとともに、授業を実際のコミュニケーションの場面とするため、授業は英語で行うことを基本とする。その際、生徒の理解の程度に応じた英語を用いるよう十分配慮するものとする。（「第3款・4」）

ここにいう英語科目の特質とは、英語科目の目標とされるコミュニケーション能力を養うことに関わるのだと考えられる。生徒には英語に触れる機会をより多く与えなくてはならない。そのためにも、英語の授業は英語でやりなさい。教員は英語で授業をしなさい、ということのようである。

授業を「実際のコミュニケーションの場面」にするとは、英語でのコミュニケーションが求められるいくつかの状況を想定し、擬似的なコミュニケーションの練習をおこなう、ということだろう。また、高等学校の生徒の英語力には、おのずから限界があるから、高等学校の生徒が理解できて、使うことのできる英語のレベルでよい、ともしている。

盛り上がりを欠いた議論

この「授業は英語で行うことを基本とする」という方針は「英語の授業は英語で」というかたちで、一時マスコミ等に大きく取りあげられた。

ただし、その是非についての論議は、意外なほど盛り上がりを欠いている。小学校の段階で英語教育を導入すべきかどうかについては、数年におよぶ論争があり、導入が決まった現在も、理念、方法等をめぐって多くの批判、提言が寄せられている。論争はまだ最終的に終息しておらず、英語教育関係者のみならず、初等教育のあり方に関心を寄せる多くの人びとの話題となっている。

一方、高等学校の英語の授業を英語でおこなうという方針については、社会的に広く議論された形跡がない。この方針が、やや唐突なかたちで決定されたという印象も残る。学習指導要領の改訂案が公表されたのは平成二十（二〇〇八）年十二月二十二日のこと。それが、およそ二ヵ月半後の平成二十一年三月九日には、正式に公示されるのである。改訂案公表にいたるまでの経過、とくに「授業は英語で行う」という方針が決定されるにあたって、どのような議論がなされたのかは、ほとんど伝わってきていない。小学校での英語教育に関する議論の場合と、かなり様子がちがっているのである。

高等学校の英語の授業は英語でおこなう、という方針について、新聞やテレビ等のマスコミで、その是非が話題になったわけでもない。とくに強い批判もなかった。むしろ、今回の指導要領改訂は歓迎すべきことであるとする趣旨の報道が多かったようである。その後、新指導要領の導入をにらんだ「先進的な」英語の授業の紹介記事なども出て、英語教育の変化に期待する、といった論調がめだちもした。

求められるコミュニケーション能力

これは、今回の改訂が、英語教育に対する社会的な要請に沿ったものだ、という理解があるからだろう。日本人の英語力について社会が求めている能力とは、英語によるコミュニケーション能力である。コミュニケーション能力とは、英語を話す力だと考えられる。

したがって、英語の教室においても、まず先生が英語で話し、生徒も英語で話すようにすれば、コミュニケーション能力が（一気に）向上するだろう。そのような期待が寄せられているようである。

とはいえ、高等学校の英語の授業時間数が、今回の指導要領の改訂により、めだってふえるわけではない。高等学校の生徒たちは、国語や数学をはじめ、じつにさまざまな教科を学ぶ。英語にばかり時間を割くわけにはゆかない。高校によって時間数にはかなりのちがいがあるが、英語の授業は週にせいぜい五、六時間といったところであろう。この時間数の縛りのなかで、英語のコミュニケーション能力を養ってゆこうとするのは、なかなか容易なことではない。

第一章にも述べたが、大多数の高校生が置かれているのは、あくまでも日本語で生活がいとなまれる環境である。英語を使わなければ日常の用が足せないわけではない。教室の授業では、生徒同士、英語の模擬会話をしても、授業が終われば日本語に戻る。休み時間に英語で話そうなどとしたら、煙たがられてしまうだろう。教室で学んだ英語の表現を、実際のコミュニケーションの場で使ってみる機会は、よほど積極的に求めてゆくのでないかぎり、ほとんどないと言ってよい。教室で練習したことを、教室の外で実践してみる機会は、まずないのだと考えた方が現実的である。

学校の教室で英語のコミュニケーション能力を養うとは、どういうことなのか。たんに、英語による擬似的なコミュニケーションの場を設けることで、よいのかどうか。先生が英語を話し、生徒が英語を話す、ということで済むのかどうか。そのことに、大きな（あるいは過大な）期待を寄せてよいのかどうか。これらについて、もうすこし深く考えてみる必要がある。

指導要領の不思議

指導要領を読んでいて、不思議に思うことがある。

指導要領には、英語の使用を想定すべき「言語の使用場面の例」がいくつか挙げてある。どのような場面で、英語によるコミュニケーション能力を養ってゆけばよいかを、英語学習の目標として設定したものである。具体的に記述されているのは、たとえばつぎのような場面である。

・家庭での生活
・地域での活動
・職場での活動

たしかに、人間が社会生活をいとなんでゆくうえで、コミュニケーション能力が求められるのは、このような場面なのだろう。そこで必要とされる英語表現を学ぶことで、コミュニケーション能力を高めることができるという考え方は、じゅうぶんに納得できる。

問題は、日本で英語を学ぶ高等学校の生徒が、そのような社会生活の場を実際に持ちうるかどうかである。

「家庭での生活」を考えてみよう。日本の高校生が、家庭生活で必要とされる英語表現を学んだとして、それを現実に使う場面はあるだろうか。「ただいま」に対応する"I'm home!"という英語表現は知っていてよいが、それは、ただそれだけの知識にとどまる。習いたての時に（冗談のように）一、二度使うかもしれないが、すぐに「ただいま」に戻ることだろう。家族全員が日本語を話す環境にあって、家庭生活における英語でのコミュニケーション能力が、とくに必要とされるとは思えない。家族に英語話者がいるのなら、生活の言葉として、すでに身についたものがあるはずである。あらためて学校で習う必要はない。

「地域での活動」や「職場での活動」についても、日本の高校生たちが、英語を通じてどのような活動に関係することになるのか、なかなか想像しにくい。

問題にしたいのはその点である。

「二十四時間が英語の世界」ではない

一方でこんな状況を考えてみよう。すべて日本語で済む生活環境に生きていた人が、突然、英語でなくては何もできない場に放り込まれたとする。英語が生活の言葉である環境に、居を移したのである。

その地域には英語を母語としない人びとも住んでいるが、母語がばらばらなため、共通の言葉としては英語に頼らざるをえない。英語を学ぶために学校に通おうと思っても、そこでは英語しか通じない。さまざまな手続きも英語でおこなう。先生への質問も英語である。外国語としての英語は、英語を通してしか学ぶことができない。学校を出たところは、もちろん英語の世界である。教室で習った英語表現は、その日のうちに試すことになる。英語を使わなくては、人とのコミュニケーションがとれない。

こうして、自分にとって必要な表現は、教室で貪欲に吸収してゆく。習ったことを練習する場が、すぐそこにある。英語でおこなう「地域での活動」がごく身近にあるし、働かなくてはいけない人びとにとって「職場での活動」は教室のすぐ外にある。英語を練習することが、そのまま生きてゆくことにつながる。一日二十四時間が英語の世界である。

そのような環境でなら、日本人英語学習者も、英語を通じて英語を学び、英語によるコミュニケーション能力をどんどん身につけてゆくことだろう。生徒たち、学生たちは、教室のなかで知識として学んだ英語表現を、日々みずから練習する場を持つことになる。言いたいことがうまく言えない。思わぬ誤解を招いた。相手の意図が読みとれない。そういったコミュニケーションの失敗は頻繁に起こるだろうが、そうした経験じたいが、コミュニケーション能力を磨く場となる。学んだ知識が実践的なコミュニケーション能力の向上に直接結びつく場が、教室の内外に確保されていることになる。

ところが、日本の高校生たちのほとんどは、そのような環境に生きているわけではない。指導要領が挙げる「言語の使用場面の例」には、「学校での学習や活動」もふくまれているが、英語でいとなまれる学校生活というものは、まずないと考えてよい。数学や世界史といった教科・科目は日本語で学ぶ。英語のスピーチコンテストはあるかもしれないが、通常の学校行事はすべて日本語でおこなわれることであろう。すべて日本語ですんでしまう環境のなかにあって、一週間にせいぜい五、六時間が、英語の授業にあてられるにすぎない。そのなかで、知識として学んだ英語表現をしっかりと身につける実践の場を見つけるのはなかなか難しい。

否定疑問の難しさ

教室を一歩出たところに、授業で学んだ表現を実際に使う場がないのだとしたら、英語によるコミュニケーション能力を養い、また維持するのは容易ではない。というのは、ある英語の表現を知識として学ぶことと、それを実際の場面で使えるようになることのあいだには、かなりの距離があるからである。

たとえば、日本人英語学習者がしばしば苦手とするもののひとつに、否定疑問に対する答え方がある。これは、知識として知っていても、なかなか的確な反応が返せない。ここで、否定疑問というのは、

Aren't you coming to the party tonight?
今晩のパーティ、来ないの?

という質問に対して、行くのならば "Yes, I am." と答え、行かないのなら "No, I'm not." と答えるような場合をさす。日本語ならば、

「いや、行くよ」Yes, I am coming.

「うん、行かない」No, I'm not.

といった答え方になるので、ついYESとNOが逆になる。こうした反応の仕方などは、かなり練習しないと（そして実際に何度か失敗しないと）なかなか身につかない。同じようにYESとNOが逆になる例としては、

Do you mind my joining you for lunch?［Do you mind if I join you for lunch?］
お昼を一緒に食べてもよろしいですか？

といった表現がある。「どうぞ」と言いたければ、

No, not at all.

となる。これなども、知識として知っているだけでは、実際の場面でなかなかうまく使えない。「どうぞ」のつもりで、つい"Yes."と言ってしまったりすれば、「いやだよ」と言っていることになるのである。

高等学校の教室のなかだけで、こうした実践的なコミュニケーション能力を養ってゆくのは、かなりたいへんなことである。もちろん、こうした応対が反射的にできるようになるまで、教室で何度も練習することはできる。だが、高校生の段階で学んでおくべきことは、ほかに山ほどある。否定疑問の答え方の練習にたっぷり時間を費やす余裕は、おそらくない。

英語という外国語の基礎

新指導要領がコミュニケーション能力を重視するのはよい。だが、日本の高校生たちは、どのような環境で英語を学んでいるのか。英語によるコミュニケーション能力を磨いてゆくには、具体的にどのような場が必要とされるのか。その点に関する考慮が足りないように思える。日本語が支配する環境のなかで、日本人英語学習者はどのような回路を通じて勉強すべきなのか。ごくかぎられた授業時間のなかで何を優先し、何は（やむをえず）後回しにせざるをえないのか。その点に関する見通しが詰めきれていないように映る。三十人から四十人ほどいる教室で、週に五、六時間、先生が英語を話し、生徒たちが英語を話せば、英語によるコミュニケーション能力がじゅうぶんに養えると考えるのは、楽観的すぎる。授業時間とクラスの人数を考えるなら、生徒たち一人一人が、週にどれだけ英語を話す機会を持ちうるのか、単純な割り算で想像がつきそうなものである。

高等学校の生徒たちの日常は、ごくかぎられた範囲のなかでいとなまれている。「地域での活動」や「職場での活動」といった、じゅうぶんに経験したことのない場での英語表現を学んでも、実際に使う機会はほとんどないだろう。実際に使う機会のない知識、練習する場の乏しい英語表現は、なかなか身につくものではない。一度学んでも、忘れてしまうことが多い。定着度は低くなる。

中学校の英語の授業が、英語の世界への入門的な性格を持っていたのなら、高等学校の授業では、英語という外国語を学ぶ基礎を固めておかなくてはならない。英語でのコミュニケーションが必要とされる場に立った際、ある英語表現について、自分の知識に照らして理解できる、知っている、という力をまず身につけておくべきである。運用するための練習は足りなくとも、必要となった時に、自分自身で運用能力を向上させてゆける素地を作っておく。コミュニケーション能力を、実際の場で磨いてゆくことができる土台を固める。それが、日本語の環境に生活する高校生たちが、かぎられた時間のなかでおこなっておくべき英語学習であるはずである。

高等学校ではじめて学ぶ文法事項は厖大な量におよぶ。あわせて、中学校で学んでいた文法事項をしっかり定着させる必要もある。文法は、外国語として英語を学ぶうえで、避けて通ることができない。まずは知識として理解し、身についた運用能力へと高めてゆくことが求められる。ごく簡単な例を挙げれば、日本人英語学習者は、まずは一般的な英語の語順（主語＋動詞＋目的語、等々）を理解しなくてはならない。そのうえで、みずから表現するにあたって、これを守りつつ、運用できるようにならなくてはならない。言うは易くして、これがなかなか難しい。

コミュニケーション重視を打ちだした新指導要領だが、学ぶべきものとして挙げる文法事項はかなりの量におよぶ。いずれも、知らなければ困るものばかり、コミュニケーションに必要なものばかりである。これらの文法事項を理解し、身についた知識とするには、相応の努力を要する。教える側からみれば、知識としての理解を求めるだけでも、かなりの授業時間数を必要とする。

should see と should have seen を英語で教えられるか

ここでまず心配となるのが、日本の高等学校の生徒たちを相手に、必要とされる文法知識を、はたして（新指導要領が求めるように）英語で教えることができるか、という点である。英語での理解力がまだじゅうぶんでない高校生に、英語で文法を教えようとすれば、確実に効率は落ちる。効率も落ちるだろうし、生徒たちが正確に理解できるかどうかも不安である。外国語としての英語を学ぶうえで必須の文法知識が、きちんと教えられるのかどうか、かなり心もとない。

例を挙げよう。

英語の文法において重要なもののひとつに、canやmayやshouldといった助動詞の用法がある。このうちshouldの用法の例として、つぎのふたつの文が与えられるとしよう。

You should see a doctor.
医者に診てもらうべきだ。

You should have seen a doctor.
医者に診てもらうべきだったね。

このふたつの表現を教えるにあたって、まずは「医者に診てもらう」という日本語に対応するのが、英語では"see a doctor."なのだという点は確認しておかなくてはならない。これに違和感を持つ日本人英語学習者は多い。「医者に会う」のと「医者に診察してもらう」のはちがうはずだ、などという質問が出るかもしれない。これはまだ文法の説明ではない。

つぎにようやく文法に移り、should see と should have seen のちがいを説明することになる。前者については should の意味さえわかればとくに問題はない。「必要」の意味だと言ってもいいし、単に「べきだ」という意味だと言ってもよい（ただし should にはほかにさまざまな意味がある）。should have seen はやっかいである。まずはこれが「should have ＋ 過去分詞」というかたちとして、一般化できることを説明する必要がある。そうしないと seen のところにさまざまな動詞の過去分詞が入りうることが理解されない。called だとか taken といった動詞の過去分詞も使えることが見えてこない。そのうえで should を過去のことがらについて用いる際には「完了形（have ＋過去分詞）」がつづくことを確認する必要がある。

最後に残るのが、この文の意味である。これは、

You should have seen a doctor, but you didn’t.
医者に診てもらうべきだったのに、君は診てもらわなかった。

と補うことも可能で、「should have +過去分詞」には、実際におこなわれなかった行為に、注意を促すニュアンスがある。これでようやく“You should have seen a doctor.”という文の解説が、一通り終わることになる。

この「should have +過去分詞」というかたちは、日常的によく耳にする、かなり使いでのある表現である。コミュニケーション英語には必須の学習事項だと言ってよい。けっして難しい言い方ではない。

文法は「おのずから」身につくか

さてそれでは、以上のような説明を、日本人英語学習者である高校生に向かって、英語のみで説明しきれるものだろうか。また、英語で説明する意味はあるのだろうか。

このように言えば、そうした文法の説明は不要である、類似の例文を数多く与えて、そのまま覚えるようにすればよい、という反論がありうるだろう。たしかに、文法の説明なしに、たとえば、

You should have called her.
彼女には電話しておくべきだったね。

といった文を数多く与え、なおかつ should have につづけてさまざまな動詞（ただし過去分詞というかたちは理解しておいてもらわなくてはいけない）を代入する練習をおこなうことはできる。この表現があらわれる状況の説明を、そのたびに補うことで、文の意味を推定させることもできないわけではない。

また、英語が日常的に話されている環境に身をおくなら、“You should have …”といった表現を何十回と耳にするうち、おのずからこのかたちが頭に入り、自分でも使えるようになる、ということがあるだろう。おのずから、というのは、“You should have …”という表現が用いられる場合には、どうやら自分が何かするのを怠った状況が共通するようだから“You should have …”は「お前はこうすべきだったのに、しなかった」ということを意味するのだろうと推理し、さらに自分でもこの表現を使ってみる、という相当長いプロセスを意味する。

ただし、これにはかなりの時間と実際の経験が必要である。日本の高等学校の教室で“You should have …”が「おのずから」理解されるような環境を作りだすことは、不可能に近い。文法の説明を抜きにした代入練習だけで、この表現が身についた知識になるかどうかも、はなはだ不安である。何よりも、ひとつの表現の代入練習に授業時間を費やしてしまえば、ほかの表現を教える時間が足りなくなってしまう。

　文部科学省が打ちだした「授業は英語で行う」という方針を律儀に守ろうとするなら、英語の授業はかなり窮屈なことになる。日本語で説明すれば数（十）分ですむことに、何倍か何十倍かの時間がかかる。日本語での説明を禁じられた日本人の先生たちは、手足を縛られたままボールを蹴るような思いをすることだろう。くりかえしになるが、高等学校の段階で学ぶべき文法事項は厖大にある。ひとつひとつの文法事項の説明に手間がかかりすぎれば、学ぶべき文法事項を消化しきれなくなることも懸念される。

文法など削ればよい？

　それならば、教えるべき文法事項を思いきり絞ってしまえばよい、という声も聞こえてきそうである。文法事項は、高等学校の三年間、週五、六時間の時間内で（英語の説明により）定着できる内容に限定してしまえばよい。たとえば、仮定法の説明と理解は難しいから、仮定法の文法はなしで済ませる。仮定法過去完了の文、

　If I had known the truth, I would not have asked him to do the job.
　もし本当のことを知っていたなら、彼にその仕事を頼んだりはしなかっただろう。

などといった表現は、文法的な説明を（英語で）するのも難しいし、生徒も（英語の説明を）きちんと理解するかどうかわからないので、教えなくてよい、とするのである。

私がもっとも恐れるのは、こういった考え方が生まれてくることである。文法知識として、教えずに済まされてしまうことが多くなれば、将来、英語によるコミュニケーションを求められた際、動員できる知識はきわめてかぎられたものになる。自分で使いこなすのは苦手でも、自分の知識に照らして理解はできる、ということすらなくなってしまう。多くのことがらを、一から学び直さなくてはならなくなる。それでは、何のために日本の学校で英語を学ぶのか、よくわからなくなってしまう。

日本の高等学校の生徒たちは、英語によるコミュニケーションが求められる機会を、それほど多く持つことはないだろう。そうだとするなら、彼らが、英語によるコミュニケーションを真に必要とする段階にいたった時、みずから練習できるようになる基礎的な知識、学力を授けておくべきである。実際に英語を使う機会を持った時、用いられる英語の表現がきちんと理解できる力、それを真似てゆける力を養っておくべきである。練習する機会は多く提供できないにしても、必要とされる知識はしっかりと伝えておかなくてはならない。それが、かぎられた授業時間において優先すべきことである。実際の運用能力の訓練は（残念ながら）後回しにせざるをえない。

そう考えるなら、英語の文法をわざわざ英語で教える必要などない、と思えてくる。日本人の先生方は、むしろ堂々と日本語で文法を教えるべきである。その方が、生徒たちの理解も早いだろうし、きちんとした理解が期待できる。学ぶべき文法事項は厖大な量にのぼる。それを効率的に学ぶには、むしろ母語（日本語）の理解力を有効に活用した方がよい。

母語（日本語）という回路

いま、母語の理解力、という表現を用いた。高校生ともなれば、かなり抽象的、概念的な思考が発達してくる。具体的な事例を一般化する能力もあるし、一般的な規則を個々の事例に応用する力もじゅうぶんにある。外国語の学び方を論じる際、しばしば低年齢の子どもたちが言葉を覚える過程が引きあいに出されるが、十代後半、さらには二十代以降に外国語を学ぶ際、有効に働く力があることを忘れてはいけない。そのひとつが、母語を通した一般化の能力である。一般的な文法の規則を日本語で理解し、それを個々の事例にあてはめて考える。一般的な概念として学んだことがらを、具体的な場に適用する。そのような力を生かさない手はない。文法を母語で学ぶことには、大きな利点がある。

英語の文法を英語で学ぶことは、もちろんできないわけではない。だが、効率と定着度という点から考えるなら、日本人英語学習者が母語（日本語）で文法を学ぶ意味は大きい。かぎられた時間のなかで、多くの文法事項を学ぶ日本の高校生たちには、日本語で文法を教えた方が、知識の確実な定着が期待できるだろう。高校生にかぎらず、十代後半、あるいは二十代以降に英語を学び直そうと思う日本人学習者は、まずは日本語で文法を学び、理解すればよい。英語で書かれた文法書を覗いてみることはあってよいが、それはある程度、英語力が身についてからのことである。

英語の授業を英語でおこなうことは、けっして悪いことではない。だが、日本人英語学習者が置かれている一般的状況を考えるなら、「授業は英語で行う」という方針は、むしろ窮屈な足枷《あしかせ》になりかねない。母語（日本語）というじゅうぶんに機能する回路があるのに、あえてそれをふさいでしまうことがよいのかどうか。英語学習の効率を考えるうえで、有効な方法なのかどうか。あらためて考えてみる必要がある。

知識としての文法は、母語で学べばよい。そして、知識として理解した文法の規則を、個々の事例に応用し、運用できる力を養うためには、それぞれが練習を積むしかない。練習の方法はさまざまにある。学んだ例文をくりかえし音読するのもよい。例文をひたすら暗記するのでもよい。代入練習が自分でできるなら、大いにやるべきである。相手が見つかるなら、声に出して使ってみてもよい。練習の仕方は、最終的には個々人の工夫によるところが大きい。学校で学んだ知識を、実際に運用できる能力に高めてゆくには、学習者が自分なりに努力することが求められる。すべてが学校の教室のなかでまかなえると思うのは、現実的ではない。

高等学校の「授業は英語で行う」という方針にしがみつこうとするなら、英語の授業はひどく窮屈で、ぎこちないものになる。それは、英語を「読む」ことにもあてはまるだろう。「読む」力を養おうとするにあたって、母語（日本語）という回路をあえてふさいでしまうことには、大きな弊害がともないかねない。

たとえば、すでに紹介した、

You should have seen a doctor.

という英文の意味を教えようとするなら、日本語で「医者に診てもらうべきだったね（だけど、君は診てもらわなかった）」という訳を与えてしまえばよい。そもそも should という助動詞の意味を知らない生徒たちに対して（あるいは、そういうレベルにある生徒たちに対して）should の意味を英語で説明するのは、相当に難しい。また、生徒たちがこの英文の意味を理解しているかどうかを確かめるには、生徒たちの母語（日本語）に訳させてみるのが、もっとも確実である。英語の運用能力がまだじゅうぶんでない生徒たちに、英文の意味を英語で説明せよと言っても、どだいムリな話である。教室で日本語を用いる道を、あえて封じてしまうことの窮屈さは、こんなところにもあらわれる。

はじめにこの英文を紹介した際にも確認しておいたことだが、“see a doctor”は、通例、医者の診察を受けることを意味する。単に「会う」ことではない。こうした簡単な英語表現につまずくことが、日本人英語学習者には意外に多い。そのようなつまずきを防ぐ方法としても、日本語に訳すことは、じゅうぶんに有効だと考えられる。

日本語で知りたいという自然な欲求

英語を読むにあたって、英語を母語の日本語に訳すという手続きをとることには、さまざまな意見がある。誤解もある。

英語を読むにあたって、日本語にいちいち訳す必要などない、英語は英語としてそのまま読めばよい、という主張がある。これは、まったく正しい議論である。英語は英語として読めばよい。日本語に訳さなければ理解できない、ということはけっしてないし、英語で読んで、そのまま理解できるようになることこそ、望ましい。

問題は、どのようにしてそのレベルまで達するか、ということである。

中学生の教科書に載るような会話文なら、あらためて日本語に訳すまでもないだろう。型どおりの英語の挨拶など、そのまま覚えてしまえばよい。だが、多少中身のある英語の文を読もうとする際、どうしてもその意味を日本語で知りたい、と思うことがあるはずである。英語で読んでもよくわからないので、日本語でどういう意味なのか知りたいと思うのは、日本人英語学習者には当然の心理である。英語のような、日本語とはかなり異質な外国語を学ぼうとする学習者が、母語を通じての理解を求めるのは、ごく自然なことだと言ってよい。

「授業は英語で行う」という方針を、額面通りに受けとろうとするなら、そうした日本人英語学習者の自然な要求に応えることが、難しくなる。また、実際の授業がどのように運営されるのかを考えると、いろいろおかしなことが想像される。

四択・正誤問題という受け身

中学生の段階では、まだ本格的に辞書を引くことは求められない。だが、高校生ともなれば、自分で辞書を引けるようになるのが、重要な課題となる。生徒たちが引くのは、おそらく英和辞典だろう。英語で英語が説明してある辞典、いわゆる英英辞典をはじめから引け、というのはムリな要求だからである。生徒たちは、日本語で英語の意味が説明してある英和辞典を引いて、単語の意味と文の意味、さらにはテキスト全体の意味を理解しようとする。真面目な生徒が予習に使うのは英和辞典だろうし、テキストの意味は日本語で理解しようとするだろう。

英語の教科書には、しばしば懇切な注がついていて、本文にあらわれる単語の意味について、辞書を引く手間が省かれていたりする。そのような注釈も、日本語で説明が施される場合がほとんどである。英語での説明は、日本語による注釈の補足としての性格を持つにとどまる。みずから辞書を引くにしろ、注釈に頼るにしろ、生徒たちのほとんどは、日本語を介して英文テキストの意味を理解しようとするはずである。

ところが、授業は英語でおこなわれる。先生は英文の意味を日本語で説明してくれたりはしない。先生は、テキストの大意を、まずは英語で説明してくれるかもしれない。単語や熟語の意味を、英語で言い換えてくれるかもしれない。一方で、個々の表現について、正しい言い換えを選ばせる（英語による）選択問題を課して、生徒たちの理解を試すかもしれない。あるいはテキストの内容理解に関する、四択問題（英語で書かれた四つの選択肢のなかから正しい答えを選ばせる問題）や、正誤問題（テキストの内容に関する文について、正しい True か、間違っている False かを、T か F で答えさせる問題）に取り組ませるかもしれない。これらはみな、英語で書かれた「リーディング」の教科書でおなじみの問題形式だから、英語で「読解」を教えることを求められれば、そのような授業になるのは自然の勢いである。

ただしこれらは、生徒の側から見るなら、徹底して受け身の作業である。すべては与えられていて、正しいと思うか、間違っていると思うかを、単純な記号（TかF）で表現したり、いくつかの選択肢から正しいものを選べばよい、ということになる。単語や熟語についても、考えるべき語義の方向はあらかじめ指示されている。選択問題は、慣れてくると、正解の選び方が見えてくるものである。単語や熟語についてなら、正しそうだと思える選択肢を選ぶのに、それほど迷うことはない。

変質を遂げる授業

生徒たちは、テキストの予習をし、日本語で了解したことの適否を、教室で確認する機会を持たない。自分自身で考えた日本語の意味が、テキストに照らして正しいのかちがっているのか、知るすべがない。自分自身で読んで、得られたと考えるテキストの理解についていて、みずから表現する場は、ほぼ完全に奪われてしまう。辞書や注釈を手がかりに、自分なりに読みこんだテキストの内容について、自分の意見を述べる場は、どこにもなくなってしまう。テキストの内容について、英語で要約し、解釈できるほどの英語力を、高校生に期待するのは、そもそもムリな注文だからである。

英語を「読む」授業が、正誤問題や四択問題に答えを出す場になるとすれば、生徒たちは、個々の単語や熟語の語義、さらには文やテキスト全体の意味を、みずから判断し、工夫し、表現する必要などなくなってしまう。先生の問いかけに対し、生徒たちはたんに「T」だとか「F」だとか、あるいは「a」だとか「b」だとかいった、記号を答えればよいことになる。その先に、どのようなことが待ち受けているか、予想するのは難しくない。生徒たちは、正誤問題や四択問題に答えられる範囲でしか、英語を読もうとしなくなるだろう。問題で問われている部分しか、読まなくなってしまうにちがいない。答えが出れば、それでおしまい。理解できない表現や文が残っていても、問題で問われなければ、気にすることなどない。

そうなれば、わざわざ辞書を引いて、はじめからおわりまで、きちんとテキストを読み解こうとする努力など、無駄だという気にすらなるだろう。英語で表現されている内容を、母語（日本語）を通じて、自分なりに理解しようとすることが、何の意味もないことだと思えてしまうかもしれない。極端な話、問題を与えられなければ、どのようにテキストを読めばよいかわからない、という生徒すら出現することだろう。こうして、テキストの内容理解を助けるはずの作業が、完全に変質を遂げることになる。

受け身ではない授業

これは、悲観的すぎる予測かもしれない。だが、「授業は英語で行う」という方針を、テキストを「読む」場において、律儀に守ろうとするなら、英語を日本語に訳すという作業は、どこにも入り込む隙がない。英語による自己表現がまだ満足にできない日本人英語学習者である高校生に対し、母語（日本語）による表現を禁じてしまえば、「読む」授業の現場に起こるのは、ほぼ右に記したようなことだろう。正誤問題や四択問題の答えを導くことが目的となるような授業で、英語を「読む」力をしっかり鍛えるのは、難しいのではないか。

それというのも、正誤問題や四択問題によって問うことができるのは、その範囲からいっても、中身からいっても、ごくかぎられたことだからである。英語でパラグラフ（段落）と呼ばれる単位での、大まかな理解を問うことはできる。語句等の文脈上の意味を部分的に問うこともできる。ただし、テキスト全体について、網羅的に問題を作ることは難しい。仮に三百語程度のテキスト（およそA4サイズ一枚程度の英文）があったとして、作問できるのは、せいぜい五題というところだろう。残りの部分は不問に付される。また、英語で問題を作ろうとすれば、問いはどうしても英語で発想されうることに傾く。テキストが書かれている英語の発想と、日本人英語学習者の母語である日本語の発想のあいだに生じうる誤解、といったことにはなかなか目が向かない。そもそも、テキストにあらわれる英文の、構文そのものがつかめない、というような場合に応じた問題は、作るのが難しい。

日本人英語学習者が、テキストの何につまずくかは、個々人によって大きくちがう。教える側が予想もしない誤解をする場合もある。英語力のある人からみれば、何がわからないのかわからない、といったこともある。同じ例を引いて恐縮だが、"see a doctor"は医者に診察してもらうことだ、と納得してもらうようなことが、日本人英語学習者にはどうしても必要である。英語の構文じたいを把握し、理解することも、けっして容易なことではない。与えられたテキストの英文が、どのような構文として理解されうるかを、英語で説明し、英語で確認させようとするのは、日本の高等学校の教室ではムリなのではないか。

日本の学校の教室で、日本人の先生が教えるのなら、英文の意味は日本語で教えればよい。生徒たちには日本語でテキストの理解を確認すればよい。それに何の不都合もないはずである。文法の学習と同様、その方が知識は確実に伝わるし、誤解を防ぐこともできる。生徒たちは、自分自身で読み解いたテキストの意味の適否を、きちんと確認する場を持つことができる。自分自身の解釈を自分の言葉で表現することができる。単語や熟語の語義を、自分自身で確かめ、文脈に応じた訳語を工夫することができる。もちろん、英語で書かれた正誤問題や四択問題を解く機会はあってよい。そうした問題をこなしつつ、日本語に訳してみるという作業もまじえるなら、けっして受け身ではない授業が実現する。

高度な英語に挑戦できる力

さらに言えば、母語（日本語）という回路を生かすことで、高校生の知的レベルに見合った、中身の濃い英文を読むこともできるはずである。高校生ともなれば、抽象的な議論や、人間の喜怒哀楽を滲《にじ》ませた表現も、じゅうぶんに受けとめることができる。そのような英語の理解には、母語（日本語）による理解の助けがあった方がよい。英語だけ読んでいて、よくわからないと感じる内容でも、母語（日本語）の回路が開けていれば、理解が可能になる場合が多い。また、英語の文章表現には、英語独特の発想がたっぷりとふくまれている。英文を読み、かつ訳すことで、母語（日本語）との対照のなかで、互いの異質さを意識しながら、英語の発想と出会うこともできる。

仮に「授業は英語で行う」という方針に固執して「読む」ことを教えようとするなら、教材は「英語で行う」ことができるレベルに抑えなくてはならないかもしれない。きわめて表面的な読みで済むテキストしか、扱えなくなるかもしれない。抽象的な議論や、人間の心理を扱う英語の文章を、テキストに用いることは断念しなくてはならないかもしれない。それでよいのかどうか。英語の読解力を養成するという点で、これはかなりもの足りない。英語によるコミュニケーション能力を身につけるうえでも、問題が残る。読む力を持たないようなことがらについては、「聞く」ことも、「書く」ことも、「話す」ことも、望みえない。

読む力がなぜ重要なのかは、国語力と読書量の関係を考えてみれば、すぐに納得がゆくはずである。また、日本の英語学習がおかれた状況を考えるなら、それ以上の意味がある。日常生活がすべて日本語で済む環境にあって、あえて英語を学ぼうとするなら、インプットの回路をじゅうぶんに確保しておかなくてはならない。さまざまな英語表現を学び、覚える場を確保しておかなくてはならない。それは「聞く」ことを通じて確保することもできる。だが、もっとも効率的なのは「読む」ことを通じて開けてくる回路である。読むことを通じて学ぶことができるのは、文章語ばかりではない。口語表現もじゅうぶんに学ぶことができる。また、聞くためには、読む力も求められる。少し中身のある議論になると、読む力がかなりものを言う。さまざまな音源を通じ、英語を聞くことで英語力を伸ばしてゆこうと志すなら、その土台となる読む力が備わっていなくてはならない。

そのようなインプットの回路として重要となる、読む力をいかに確保するかが、高等学校や大学、さらには広く一般人のための英語教育、英語学習の課題となる。すくなくとも高等学校では、読む力の基礎をじゅうぶんに養っておかなくてはならない。そのためには、母語である日本語を封じる必要などまったくないはずである。むしろ、日本語を通じて英文の意味がきちんと理解できる力こそ、重要だと言える。日本語に訳しながら、どんどん高度な英語に挑戦してゆける力をつけておかなくてはならない。

「読む」回路

新指導要領が打ちだした「授業は英語で行う」という方針が、間違っているわけではない。生徒たちの英語力に見合ったかたちで、英語による授業をおこなうことにはじゅうぶんな意味がある。まずは先生が英語を話すこと。それは、教室にいる帰国子女たちの英語ほど流暢ではないかもしれない。だが、流暢ではなくとも、きちんと役目をはたす英語があることを示すなら、生徒たちは大いに勇気づけられることだろう。帰国子女たちのようにならなくとも、英語は立派に通用するのだという、ひとつのモデルを示すことができればよい。また、生徒たちが英語で話し、英語で表現する擬似的な体験を持つことは、その後、自分なりに英語力を磨いてゆこうとする際の、強い動機づけとなりうる。英語によるコミュニケーションとは何かという、おおよそのイメージを摑むこともできるだろう。そして、そのために、どのような努力が必要とされるのか、想像できるようになるだろう。

一方で、文法や読解の授業では、母語（日本語）という回路を有効に生かすべきである。母語（日本語）という回路を借りるのに、何の遠慮もいらない。一般的な日本人英語学習者が置かれている環境において、それは、きわめてよく機能する学習方法なのだと考えるべきである。

日本国内に生活していれば、特別な環境にないかぎり、英語によるコミュニケーションをおこなう機会は、それほど多くはない。だが、英語で書かれたものを読むことは、心がけしだいで、いくらでもできる。「聞く」ことに取り組むにしても、読むことと組み合わせることで、効果は上がる。テレビのニュースを聞いてみたものの、よくわからない、聞き取れないということがあるだろう。だが、英語の音声を止めることはできない。立ち止まって考えることは難しい。一方、新聞や雑誌の記事は、辞書を引きながら、じっくりと（何時間かかろうと）読み解くことができる。文字情報として理解できたことは、やがて耳で聞いても理解が容易になる。

日本語で生活をいとなむ環境にあって、英語のインプットを確保することがもっとも容易なのは、「読む」回路である。まず、読む力を養うことが、英語によるコミュニケーション能力を、確実に向上させることにつながる。

第三章　読む力を鍛える

英語教育の悪弊という批判

中学校や高等学校、あるいは大学の教室で英語の授業を受けたことがあれば、英語を「読む」ことは、誰しも学んだことがあるだろう。「日本人」として英語を学んだ人なら、テキストの英語を日本語に直す際の、英文解釈、あるいは訳読という名で知られる手続きが、まず思い浮かぶはずである。はじめに、英語の重要構文が、公式のようなかたちで紹介され、その訳し方が示される。つぎに、おなじ構文があらわれる例文を、訳し方のきまりに倣いながら、自分なりに訳すことが求められる。あるいは、ある程度の長さを持つテキストを、辞書や注釈を頼りに、ともかくも日本語に訳し、意味を確認し、了解する。英文解釈と呼ぶにせよ、訳読と呼ぶにせよ、それらが英語の文の細部にこだわりつつ、地道に日本語に直してゆく作業であることに変わりはない。

この英文解釈、あるいは訳読は、日本の英語教育の悪弊として、しばしば槍玉にあがる。とくに、やや長い文章を訳してゆく訳読の評判は芳《かんば》しくない。テキストをいちいち日本語に訳すようなことをしているから、英語の運用能力がのびてゆかない。英語のコミュニケーション能力が養えないのは、十年一日、訳読のようなことをしているからだ、という批判がある。英語は直読直解、英語のままに理解すればよい。日本語に訳す必要などない、という意見である。

直読直解で済ますことができるかどうかは、読み手の英語力による。また、テキストの難易度による。読み手の英語力が不足していて、テキストの難度が高ければ、直読直解はまずムリである。そのことは、真面目に英語を読もうとしたことのある日本人英語学習者なら、誰しも納得することであろう。直読直解を勧めるのは、ある水準の英語力を身につけた人びとに多いが、そのような人びとは、自分たちが、どのような道筋を辿って現在の英語力を身につけるにいたったか、忘れてしまっていることが、ままある。

先の章でも触れたことだが、英語を読むために英語を（つねに）日本語に訳す必要はない。英語は英語のまま読めばよい。だが、そのような段階に達するまでには、母語（日本語）の助けを借りることが、どうしても必要となる。英語を日本語に訳す手続きから抜けだせるかどうかは、学習者の努力しだいである。読みたいと思う英語の種類にもよる。英語で小説が読める、新聞や雑誌が読める、という段階に達するには、ある程度長い期間、英語を日本語に訳す訓練に耐えなくてはならないだろう。

別の言い方をすれば、日本語の媒介なしに、そのまま読める英語もあるだろうし、一旦、母語（日本語）で理解したうえでなければ、読むことの難しい英語もある、ということである。日本語の媒介なしに読めると感じる英語であれば、直読直解で、どんどん読んでゆけばよい。わざわざ日本語に訳す必要などない。一方で、一読して何を言っているのかよくわからない、難しい、と感じる英語は、日本語に訳してみて、ようやく理解できる場合がある。

読んでいるテキストすべてを訳す必要もない。英語を読んで、そのまま理解できると思うところは、自分自身わざわざ日本語にする必要はない。意味がとりにくいと感じるところ、ゆっくり立ち止まって考える必要があると感じるところで、日本語の助けを借りればよい。

訳読の評判が芳しくない理由

訳読は、よくわからないと感じる英語を、母語（日本語）という回路を通じて理解しようとする際、有効に働く手続きである。教える側からすれば、生徒、学生たちがテキストをきちんと理解しているかどうかが判断できる、もっとも確実な手だてである。教わる側にしても、自分の理解が正しいのかどうかを確認するにあたり、もっとも安心できる手段である。

ただし、教室で訳読の授業をおこなうのは、なかなか難しい。それは、数十人いる学生たちを前に、どのようなレベルを設定するか、ということにまず関わる。初歩的な段階でつまずいている学生もいれば、かなりの英語力を蓄えている学生もいる。テキストをすべて日本語に訳してみせなければ理解できないこともあれば、ごく一部を確認すればよいこともある。数十人の学生がいれば、一人一人の英語力がちがう。テキストをはじめから訳してゆくことを、ひどく退屈な作業だと感じる学生がいる一方で、そうしなくてはついてゆけないと感じる学生もいる。どのレベルにあわせても、必ず不満が生じる。

学生の側で理解したつもりでいることが、間違っている場合もある。どこで間違えるかは、個人差がはげしい。また、自分で読み、理解したと考える範囲では気づかれていない意味が、テキストに隠されていることもある。日本語に訳す必要などない、直読直解でじゅうぶんだ、と思っていた箇所に、思わぬ落とし穴があったりする。英語を読むのは、それほど簡単なことではない。簡単ではないということを自覚してもらうまでが、たいへんである。

訳読の授業の評判が芳しくない理由のひとつは、そのような授業運営の難しさがあるからである。訳読は、できれば一対一でやれればと思うくらいだが、そのような贅沢が許されるはずもない。数十人いる教室で、どのようにして訳読の授業を成立させるか、さまざまな工夫が求められる。

訳読が批判される際、文法・訳読方式は時代遅れだ、という言い方がなされることもある。日本の英語教育で、これまで一般的におこなわれてきた授業、すなわち文法を重視し、訳読の作業を地道におこなう授業形態を、文法・訳読方式と呼び、それではダメだ、旧弊な教育方法だと否定的に語る意見である。この「文法・訳読方式」という呼称が、どうやら外国語教育法のひとつ「グラマー・トランスレーション・メソッド」(Grammar-Translation Method、略してGTM)を念頭に置いたものであること、ただし、本来のGTMと根本的に異なる方法であることは、近年、平賀優子氏が歴史的資料にもとづいて実証した(東京大学大学院総合文化研究科言語情報科学専攻博士論文)。簡単に言えば、GTMとは、文法事項の説明のあとに、短い(内容的にはバラバラの)例題がつづくテキストを用いた、外国語学習法のことである。いまでも西洋古典語(古典ギリシア語、ラテン語)の教科書によくみられる形式であり、そのような教科書を用いた教育法である。こうした、英語教育史の理解に関する混乱も手伝って、訳読の評判はふるわないのである。

私自身の経験に照らしても、訳読の授業で、面白い授業はあまりなかったように思う。退屈だ、と感じる時間が長かったという記憶もある。教室で教える側に立ったあとは、訳読の授業をなんとか充実した時間にできないものか、いろいろと試行錯誤を重ねてきた。ただし、最終的にこれだ、と思えるものが摑めたと言える段階には、残念ながらまだいたっていない。

精読の訓練

だが、訳読をなくすことはできない、という思いに変わりはない。それは、日本人英語学習者が英語を「読む」力を養うには、訳読という作業を避けて通ることはできないと確信するからである。とくに、高校生の段階での、訳読の経験は不可欠である。母語（日本語）に照らして、英文の内容を理解するという作業を、しっかり積み重ねておいてもらわなくてはならない。大学入学後も、読む英文の種類によっては、さらに訳読による訓練をつづける必要がでてくる。

高等学校段階での訳読の経験を前提とすれば、「読む」力を養う試みはさまざまに展開することができる。その前提がなければ、先に進むことができない。

英語を「読む」際の読み方は、いろいろである。一字一句ゆるがせにせず精読することもあれば、段落ごとにおおまかな意味がわかればよいとする読み方もある。いわゆる速読といわれる読み方だが、速読ができるようになるには、どこかで精読の経験を積んでおく必要がある。ひとつひとつの文について、何もわからないような状態では、速読など望むべくもない。また、多読ということも必要になる。自分自身の英語力に見合った速度と読み方で、とにかくたくさん読むのである。ただし、わからないと感じる英語があまりに多ければ、多読の意欲はそがれてしまう。ここでも、精読の経験が基礎となる。

精読の訓練は、教室という場でしっかりと経験しておかなくてはならない。辞書や文法書を引きながら、英語の読み方をみずから学ぶことはできるが、わからないところについて確認し、質問できる機会はどうしても必要になる。それに、自分ひとりで読んでいて見過ごしているところ、思わぬ間違いを犯しているところなど、教室でしか発見しえないこともある。そこは訳すまでもない、と思っていた英語の文に、思いも寄らぬ意味が隠されていた、というようなこともある。そうしたことを教えてくれるのが、教室という場である。

英語の文章を理解するにあたって、母語（日本語）の助けを借りるのが、有効かつ確実な道であるなら、訳読は欠かせない手続きとなる。やがて訳読を離れてゆくためにも、一旦は訳読という作業にしっかり慣れておかなくてはならない。訳読がおこなわれる教室の授業は、楽しくも面白くもないかもしれない。だがそこは、地道に英語力を向上させてゆくにあたって、必要とされる訓練が受けられる、貴重な場なのである。

英語の文章を音読する

訳読の授業と言えば、たんに英語の文章を日本語に直すことだ、訳してしまえばおしまい、と考えられがちである。だが、教室でおこなわれる訳読という作業を出発点に、可能となることはさまざまにある。

まず、英語の文章じたいを読む、ということがある。そもそも、訳読が終わればテキストは用済み、というのではちょっともの足りない。せっかく読んで理解したテキストの利用法として、賢明ではない。訳読を通じて、意味はわかったと感じるなら、わかったと思う意味を確認しつつ、何度でも音読すべきである。内容がわかっていて音読するのと、わからずに音読するのとでは、音読の効果はかなりちがう。内容を理解したうえで音読するなら、意味のまとまりを考えながら、読むことができる。自分なりに、区切りや抑揚をつけて読むこともできる。そのようにして何度も同じ文章を読んでいると、表現のひとつひとつが、文章全体のなかで、どのような意味、機能を担っているかが、あらためて理解できる。日本語の訳を離れ、それこそ直読直解するかたちで、英語の意味が頭に入ってくるようになる。

音読する際に重要なのは、個々の単語の発音とアクセントの位置を、きちんと確認しておくことである。間違った発音やアクセントで音読していると、妙なクセがついてしまって、あとで矯正するのに、思わぬ手間がかかったりする。新しい単語に出会ったら、日本語の意味とともに、アクセントの位置もふくめた、発音の仕方をあわせて覚えておく必要がある。辞書を引く際には、意味の項目だけでなく、発音の情報にも気を配るべきである。

その際に重要となるのが、発音記号の知識である。見出し語のあとに記される発音記号が、きちんと読めるかどうかである。第一章にも書いたが、音声重視の流れのなか、発音記号が軽視されているのは、かなり危うい状況だと言える。電子辞書の音声機能があまり役に立たないことはすでに指摘したが、仮に真似が上手いとしても、文字情報としての発音記号を目で確認するのと、いちいちボタンを押して（あるいはそこでイヤホンをつけて）、機械から音声が流れてくるのを待つのとでは、必要とされる時間はかなりちがう。発音記号で発音を確認する方が、はるかに効率はよい。

ちなみに、テキストにCD等の音源が付属している場合、参考までに聞いてみるのはよいが、あくまで参考にとどめるべきだろう。ごく短い文ならともかく、まとまった長さのテキストを聞き、母語話者の通りに発音しようとしても、なかなかうまくゆくものではない。母語話者との発音の落差に気落ちしてしまっては逆効果である。手本だとは思わずに、あくまで参考にとどめておいた方が、気持ちは楽である。

辞書で単語を調べ、発音記号を確認したら、二度三度、自分自身で発音してみることを忘れてはいけない。アクセントの位置はとくに重要である。アクセントの位置を間違えて覚えると、英語を「話す」際、うまく通じなかったりするし、英語を「聞く」際にも、うまく聞き取れなかったりする。

やや細かなことを記せば、訳読のあとの音読で効果をあげるためにも、テキストには何も書き込むべきでない。アクセントの位置を示す記号ぐらいなら構わないかもしれないが、それも本来は書き込まない方がよい。何も書き込んでいない、まっさらなテキストを見ながら、何度も音読するのである。一度にくりかえし音読するのもよいし、しばらく時間をおいて音読するのもよい。

訳読の作業からしばらく時間をおいて音読すると、覚えたはずの単語の意味を忘れていることに気づいたりする。熟語表現等の意味が不確かに思えてきたりする。ただし、テキスト全体の意味は、ほぼ記憶のうちにあるから、文脈上の意味は、なんとなく推測できる。まずは推測し、あらためて辞書や単語帳で意味を調べると、あいまいに思えた単語や熟語の意味が、しっくりと納得できる。はじめに辞書で調べた時より、意味がより具体的につかめるように感じられる。もっといい訳語はないかと思い、あらためて辞書を調べてみると、それまで気に留めなかった訳語が目に飛び込んできたりする。ああそういうことか、と思う。真の語彙力がつくのは、そうした瞬間である。

発音についても、同じである。音読しているうちに、単語の発音の仕方に自信が持てなくなることがある。そのような時、アクセントの位置や、母音の区別などをあらためて確認すると、発音に関する知識はより確かなものになる。発音じたいもよくなる。テキストを朗読した音源が手近にある場合、この段階であらためて母語話者の読み方を聞いてみると、学べることはかなり多い。

また、何度か音読したあと、テキストを書き写してみるのもよい。音読の練習を積み重ね、テキストが頭に入っていれば、それほど難しくは感じないはずである。

したがって、しばしば教室で観察されるように、テキストの行間に単語の意味をびっしり書き込んだりするのは、はなはだ感心しない。せっかくの機会を、みずからつぶしにかかっているようなものである。高校生のレベルなら、やはり単語帳やノートを作っておくべきである。単語帳はテキストに対応するかたちで作った方が、あとで復習しやすい。単語帳に、発音記号を自分で書き入れておくと、発音に関する知識がより確かなものとなる。単語帳を作るのが面倒なら、テキストを二冊用意するのもよいかもしれない。一冊は書き込み用で、ノート代わりにし、もう一冊は何も手をつけない状態で残しておく。そして、何も書き込まないテキストの方で、何度も音読の練習をするのである。

まっさらなテキストを、何度も（あるいは日をおいて）音読していると、やがて日本語の訳が気にならなくなる。英語が英語として頭に入ってくる。また、そうして読み込んだテキストであれば、いざふたたび訳読せよと言われた時も、かなり楽に訳すことができる。訳読がそのまま、直読直解に結びついたような状態になる。

そのようにして、訳読と音読とを長くつづけていると、少しずつ変化が生じてくる。はじめて読む英語のテキストを音読してみて（あるいは自分が音読する速さで黙読してみて）、さほどつかえずに読み進められるなら、とくに日本語に訳す必要を感じなくなるのである。わからない単語があっても、その部分だけ、あとで辞書を引けばよいと思えるようになる。訳せと言われれば、訳すこともできるだろうと思えてくる。

訳読と直読直解の往復

一方、音読していって、思わず中断してしまう、区切り方がわからなくなってしまう、うまく構文がとれない、と思うような場合もある。意味のわからない、あるいは解釈に自信が持てない単語や表現が多すぎて、読み進められないと感じることもある。そのような場合は、訳読に戻ってみるほかない。一旦立ち止まって、何度も読みかえし、辞書を引いたりしながら、日本語でどのような意味になるのか考えることになる。

訳読とは、そのような時に、英語の理解を助けてくれるものである。手段であって、目的ではない。訳読を離れて、直読直解でゆけると思うなら、それでよい。ただし、自己流でやろうとすると、思わぬ落とし穴にはまることがある。また、調べるべきものは調べておく必要がある。

一方に訳読の手続きがあり、他方に直読直解の読みがある。日本人英語学習者は、このふたつの極のあいだを、各自の英語力に応じて、往復することになる。日本人英語学習者が、英語の初歩からはじめて、いきなり直読直解できる域に達することは考えられない。できるとすれば、よほど単純なやさしい英語だろう。少なくとも、高等学校や大学で学ぶ、やや複雑な構文や内容を持つ英語ではあるまい。

これに対しては、そのような難しい英文など読ませる必要はない、直読直解で済む英語を与えればよいのだ、という意見があるかもしれない。だがそれは、高校生や大学生の知的レベルを、ひどく見くびったものの言い方である。

訳読の手続きには、それなりに習熟しておく必要がある。まずは、英文解釈の公式として示される、さまざまな構文の訳し方を学んでおかなくてはならない。ある構文に対しては、ある決まった訳し方が定められていたりする。そうした訳し方には、しばしば先人の知恵のようなものが、つまっていたりする。まずは素直に定められた訳し方を学んでおいた方がよい。その方が、誤訳に陥る危険性は少ない。同じ構文を同じように訳すことを積み重ねてゆけば、その構文に関しては、直読直解ができるようになる。やがて柔軟な訳を工夫することもできるようになる。一度きちんと型を学んでおけば、あとで型を出ることも容易になる。

実際に英語の文章を読んでゆくと、さまざまな問題にぶつかる。なかでも重要な、文型把握の問題については、次章であらためて論じることになるが、このほかにも、訳読の手続きとして学んでおくべきことは数多い。そうした手続きのひとつひとつは、日本人が長い時間をかけて練り上げてきたものである。すくなくとも「読む」ことに関しては、かなり高度に工夫された方法であると認めなくてはならない。その訳読の技術を集中して学ぶことができるのが、教室という場である。

ナナメ読みは好ましくない

速読の話に移ろう。

速読は、訳読を要するレベルの英語より、少し下のレベルのテキストでおこなうことになる。たとえば高校三年生なら、中学三年生か、せいぜい高校一年生ぐらいに学んだ英語のレベルが想定される。そのくらいでないと、うまく速読の練習はできない。

速読用の教科書というものがある。多くは英米系の出版社が発行しているもので、レベル別に細かく分かれ、シリーズ化されていたりする。一ページ分ほどのテキストを速読して、正誤問題や四択問題に答える形式を採ることが多い。題材は、歴史物から自然科学までいろいろとあり、さまざまな分野の語彙に触れることができる。ただし、必ずしも外国語として英語を学ぶ読者を対象としたものではなく、英語を母語とする人びとに、速く読む訓練を施す意図で作られたものもある。

英米系の出版社が発行している教科書は、しばしば日本人英語学習者の実情にそぐわないスピードを想定している。平均的な日本人英語学習者なら（かなり速く読むことを意識しても）五分以上かかりそうな文章を、一分で読め、などと指示してあったりする。どうしてそんなことが可能かと思い、教科書の記述を読んでみると、テキストの文章を全部読んではいけない、必要な情報だけ取りだせばよい、段落のはじめの文章に注目すればよい、というようなことが書いてあったりする。

速読本来のあり方を考えるなら、たしかに、そのような読み方が必要となるだろう。母語（日本語）の連想でゆけば、日本語の新聞や雑誌をナナメ読みするようなやり方である。文章じたいはあまり気に留めず、必要な情報だけを頭に入れてゆけばよい。書かれている文章をはじめからおわりまで律儀に読む必要はない。日本人英語学習者であっても、じゅうぶんな英語力を身につけたあとなら、英語もナナメ読みできるようになる日がくる。また、そうせざるをえない状況に立たされたりもする。

ただし、「読む」ことを学びつつある日本人英語学習者、とくに高校生や大学生、あるいは英語を学び直そうと考えている人びとが、英語をナナメ読みすることは、好ましいことではない。英語じたいを学ぶ、ということを考えるなら、ナナメ読みすることに意味があるとも思えない。したがって、母語話者（もしくはかなりの英語力を蓄えた人びと）を想定した速読のあり方と、英語そのものを学ぶ必要がある場合の速読とは、分けて考えた方がよさそうである。

立ち止まらないこと

日本人英語学習者にとって、読む訓練として意味を持つのは、書かれている文章すべてに目を通しつつ、自分なりに一定の速度を保ってゆける読み方である。修飾句や、関係詞があらわれて、訳読する際なら前に戻って考えたりする場合でも、かまわず先に進んでゆける読み方である。速読とは言っても、むやみに速く読む必要はない。読みながら意味がとれる速さで、ただし立ち止まることなく、ほぼ同じペースを維持できればよい。

では、具体的にどのくらいのスピードが望ましいかと言えば、教室で日本人の英語の先生が、ゆっくりとテキストを音読するスピードだと考えればよいだろう。人によっては、それでも速いと思えるかもしれないが、まずはそのあたりに目標を設定しておけばよい。

重要なのは、立ち止まらないことである。一定のスピードで、はじめは三分間（あるいは五分間）読みつづけてみる。辞書は引かない。一定のスピードで、ほぼテキストの意味が了解できれば、ちょうどよいレベルの英語だということになる。それで、すこし難しいと感じれば、レベルを下げた方がよい。もっと難しくても大丈夫だと思えたら、レベルを上げればよい。そうやって、自分なりに調節することも必要である。

調整ができたと思ったら、速読用のテキストでもよい、やさしい読み物でもよい、手近なテキストで、自分なりに速読の練習をするとよい。レベルが低くて物足りないと思うか、すらすら読めて気分がいいと思うかは、人によるだろう。だが、まずは練習だと思って、十分あるいは十五分、ともかく一定のスピードで読み進めてみる。読みつづけられる時間も人それぞれだろうが、短くても五分、がまんして読みつづけてみる。

何の練習をしているのかといえば、直読直解の練習をしているのである。一定のスピードで読んでいって、ほぼ意味が了解できるなら、あらためて日本語に訳す必要は感じないだろう。ところどころ、おやっと思う表現や、わからない単語があっても、言っていることがわからなくなるのでないかぎり、あとで確かめればよいと思える。自分なりのスピードを保ちつつ、先へ先へと読み進められるなら、それは直読直解ができているということになる。

これは、一般に「速読」と呼ばれる読み方とはちがうかもしれない。速読はあくまで速く読むことで、母語（日本語）で新聞をナナメ読みするような読み方を、速読だと考えるのが一般的であろう。だが、英語じたいを学ぶという点から言えば、ナナメ読みはあまり意味がない。そもそも、ナナメ読みしようと思っても、かなりの英語力がなければ、できることではない。

身の丈にあう知識

速読で直読直解できるレベルの英語を読んでいると、いくつかの英語表現に親しみがわいてくる。この言い方は何度も出てくる、この言い方はどうも決まり文句のようだ、と感じることがある。そのように感じられた表現は、確実に知識として定着する。「読む」に際しての語彙力を豊かにするだけでなく、意識して覚えれば、実際に運用できる知識となる。「読む」時だけでなく、「書く」時にも、「話す」時にも、自分自身が使える表現として定着する。

先に、「読む」ことがインプットの回路として機能すると言ったのは、たとえばこういうことである。具体的な文脈のなかで覚えることになるから、意味や使い方を間違えることもない。自分で気づいた表現だから、自分自身の英語力に見合った、身の丈にあう知識となる。日本語で生活がいとなまれる環境であっても、このようにして、いわゆる生きた英語の表現を学んでゆくことができる。

速読に使えるのは、直読直解に近い読み方ができるテキストである。言い換えれば、訳読を要するレベルのテキストより、かなりやさしい（と感じられる）テキストである。訳読を要するテキストのレベルと、速読できるテキストのレベルのあいだには、はじめのうちかなりの差がある。よほどやさしいテキストでなければ、一定の速度で先に進んでゆくことはできない。

ただし、訳読を要するテキストのレベルを上げてゆけば、速読できるテキストのレベルも上がってゆく。逆に言えば、訳読しないと意味が了解できないテキストのレベルが低ければ、直読直解できるテキストのレベルも低いままにおわる。これは、現在の英語教育に関する議論や、英語学習に関する心構えを考えるうえで、重要な観点となるはずである。読む力を向上させなければ、日本語で生活する環境のなかで、うまく機能するインプットの回路を確保し、拡げてゆくことができないからである。

仮に、読むテキストは、直読直解できるレベルでじゅうぶんだとするなら、直読直解できるテキストのレベルじたいが、固定されてしまうことになる。低いレベルのままに留まってしまう。それでは、せっかく勉強しても、英語力は向上してゆかない。

難しいと思うことに挑戦してゆかなければ、やさしいことも満足に身につかない。直読直解できる力を伸ばしてゆくには、訳読するテキストのレベルを、少し高めに設定しておく必要があるのである。

何を「多読」するか

つぎに、多読について。

多読とは、もちろんたくさん読むことである。たくさん読むことにつきる、と言ってもよい。とくに多読の読み方というものがあるわけではない。これまで述べてきた、精読と速読の方法を、自分なりに組み合わせることになる。どう組み合わせるかは、自分なりに工夫すればよい。

速読について述べた際に、速読用のテキストがあることを紹介した。多読について言うなら、多読用の教材についても触れておかなくてはなるまい。日本人英語学習者にはおそらくなじみ深い、語彙がレベル別におさえてある教材である。かつては有名な文学作品等を語り直したリトールド retold 物が多かったが、近年は、自然科学や社会科学などもふくめた、多様な話題に触れた書き下ろしがふえている。具体的には、〈Cambridge English Readers〉〈Oxford Bookworms Library〉〈Macmillan Readers〉〈Penguin Readers〉（ちなみに penguin は［péŋgwin］と発音する)〉といったシリーズであり、それぞれ入門教材から上級教材まで、さまざまなレベルの読み物がそろっている。

こうした教材のよいところは、語彙が制限してあるため、むやみに難しい単語や熟語が使われていないことである。標準的な文章で、妙に凝った構文もあまりない。ある程度の英語力を身につけたあとなら、どしどし読んでゆくことができるだろう。レベルをきちんと見定めれば、速読の教材としても使える。

もっとも、こうした教材ばかり読んでいると、やがて飽きがくる。物足りなさを感じるようになる。子ども扱いされているような気にもなる。

そう思ったら、ホンモノに挑戦すればよい。自分の関心のありどころにしたがって、英語で書かれた本を手にとってみるのである。大事なことは、実際に手にとって、はじめの方だけでも読んでみること。とても歯が立ちそうにないと感じたら、残念ながら、その本はしばらくお預けということになる。勉強をつづけてゆけば、いつか読めるだろうと思えばよい。すこし読んでみて、よくわからないところはあっても、辞書を引けば何とかなるだろうと思えるなら、読んでみる価値がある。

高校生や、大学生や、一般の社会人なら、自分の知的好奇心に訴える、読んでみたいと思う本があるだろう。まずは手にとってみて、感触をたしかめ、読めそうだと感じたら、あとは自分の努力しだいである。

近年は、インターネット上でいくらでも英語のテキストが手に入る。新聞記事も読めるし、事典の項目も読める。やや読みにくいかたちではあるが、古典作品にも触れることができる。英語を読むという点から言えば、そうした英語のテキストが入手できればじゅうぶんなのだが、やはり本のかたちで読んだ方が、自分の英語学習の痕跡がしっかり残せてよいように思う。もっとも、これは本で育った世代の、たんなる感傷にすぎないのかもしれないが。

多読に決まった読み方はない。直読直解ができると思うならそれでよいし、立ち止まったり後戻りしないと意味がとれないと感じるなら、じっくり考えればよい。自分なりに日本語に訳してみて、はじめて納得することもある。気になって、辞書を引きたいと思うところもあるだろうし、ここは推測で済ませておけばよい、と思えるところもあるだろう。時間がゆるすかぎり、根気がつづくかぎり、たくさん読むことである。すでに何度も言ったことだが、読むことは、英語学習のうえで、重要なインプットの回路になる。

語彙力を前提とした聞き取りの力

ここまでは、主に「読む」ことについて書いてきた。本章の最後に、「聞く」ことについて、少し触れておくことにしよう。「書く」ことと、「話す」ことについては、後の章であらためて論じることになる。

「聞く」力を伸ばすには、何はともあれ、たくさん英語を聞くほかない。現在は、英語の音源を手に入れることはかなり容易になっているので、まずは聞くことである。何を聞くかは、ある程度、試行錯誤が必要かもしれない。英語学習教材として作られた、ごくやさしいものからはじめる、というのが常識的な選択だろうが、テレビや映画から流れてくる自然な速さの英語に耳をさらすことも、あってよいことと思う。

まずは、母語話者の話す標準的な英語に聞き慣れることである。将来的には、地域的な訛りの強い英語や、母語話者ではない人びとが話す英語を、聞いて理解することも必要になる。だが、とりあえずは、アメリカやイギリスの標準的な英語を聞き取る、というところからはじめることになる。

聞き取りは、ごく一部の単語、あるいは単語の連なりが聞き取れる、ということが出発点となる。耳から入ってくる情報のなかで、ある音が、意味を持つひとつのまとまりとして認識されなくては、聞き取れたことにはならない。したがって、はじめのうちは、自分が知っている単語や表現しか聞き取ることができない。やがては、知らない単語についても、（読むときと同じように）おおよその見当がつく、ということはあるが、それはかなり聞き取りの力がついてからである。

つまり、聞き取りの力は、語彙力を前提とする。しかも、ある単語の（ほぼ）正確な発音を（知識として）知っていることが求められる。英語を読む際には、語彙力として動員できる知識であっても、発音の仕方を間違って覚えていたりすると、うまく聞き取れないことがある。たとえば、外来語としてカタカナ表記されることもある、

theory　理論

という単語の発音は「セオリー」ではない。[θíːəri] である。この程度のちがいでも、実際に耳にした場合、聞き取れないことが、ままある。

第一章で、発音の知識について論じた。発音の知識は、英語を聞き取る際、大きな意味を持つ。theory を例にとれば、[θíːəri] という発音記号で表記される音を、英語母語話者のように（上手に）発音はできなくとも、theory は [θíːəri] なのだという知識があれば（とくにはじめの母音が [iː] なのだという知識があれば）、theory という単語の聞き取りは容易になる。発音に関する知識は、そのようなかたちで実際に役に立つ。

つぎの語を予測する力

単語が認識できるようになったら、つぎには単語のまとまりを、句や節として、そして文として聞き取ることが課題となる。

英語を聞いていて、知っている単語が断片的に聞こえてくると、それなりに聞き取れた気になるものである。たとえば、テレビニュースを聞く際、全体の意味はよくわからなくとも、ところどころ自分が知っている単語があると、それなりにうれしい。映画も同じ。ちょっとした短いセリフに、それと認識できる単語がふくまれていると、すこしわかった気になる。だが、それはまだ英語を「聞く」ことの、ほんの入り口にすぎない。

英語は、文（センテンス）として、聞き取れなくてはならない。少なくとも句や節の単位で聞き取れなくてはならない。つまり意味のまとまりとして聞く必要がある。一方で、大づかみな意味のまとまりを聞き取ることができれば、ひとつやふたつ、よく聞き取れない（知らない）単語があっても、それほど困ることはない。

英語が文として聞こえてくる、あるいは句や節のまとまりとして聞こえてくるには、英語における、語のつづき方がどのようなものであるか、予測できる力が必要となる。動詞があらわれて、それが他動詞であれば、つぎに目的語がつづくはずだ、といったことを反射的に期待する力が求められる。聞こえてきたものを、ただ受動的に、後追いで理解するだけでなく、用いられつつある構文のかたちから、つぎにどのような機能を担う単語があらわれるか、思いはかることができなければならない。

じつは、そのような力と、英語を「読む」力には、密接な関係がある。とくに、直読直解できる力と深く結びついている。

「聞く」力は「読む」力に比例する

英語の音に慣れ（ただし、これはそれほど容易なことではない）、発音の知識もふくめた語彙力がつけば、「聞く」力は「読む」力にほぼ比例するようになる。逆に言えば、「読む」力が不足していると、「聞く」力もあまり伸びてゆかない。考えてもみてほしい。ニュースの英語は、きちんとした原稿があって、それをアナウンサーが読み上げているのである。仮に原稿を目にする機会があって、それが直読直解できないのであれば、耳を通してニュースを理解することなど、望むべくもない。政治家の演説や、専門家の講演も同じことである。「読む」力は、「聞く」力の前提となる。

「読む」ことと「聞く」ことは、情報を受けとる能力（理解力）に関わる。情報を送りだす能力（表現力）の不足を嘆く論調が勢いを得るなかで、情報を受けとる能力を強調するのは、時代の流れに逆行しているかに響くかもしれない。だが、表現力を養うには、表現の仕方そのものを、まずは学んでおく必要がある。インプットなしのアウトプットというものは、考えられない。「読む」力をつけ、「聞く」力を伸ばしてゆくことこそが、「書く」ことと「話す」ことという、表現力の領域を豊かにすることにつながる。

日本人英語学習者が、日本語で生活する環境において、手に入れることがもっとも容易なインプットの回路は「読む」ことである。ついで「聞く」ことである。日本の英語教育の場で「読む」ことを軽視してしまえば、日本人英語学習者たちから、有効な学習手段を奪ってしまうことになりかねない。

テキストなしでラジオ講座を聞く

最後に、「聞く」力を養ううえでの、具体的なアドヴァイスを記しておきたい。これは「聞く」力とともに、「話す」力にも関わることである。

ラジオやテレビには、充実した語学講座が用意してある。たとえば、NHKラジオには、「基礎英語1」から「実践ビジネス英語」まで、さまざまなレベルの番組が十講座ある。しかも、かつては放送時間にあわせてラジオを聞かなくてはならなかったのが、現在はネット上でいつでも好きな時に、何度でも聞くことができるようになった。

いわゆる英会話番組として標準的なのは「ラジオ英会話」である。高等学校段階の英語を学んでいる生徒たち、大学生や一般社会人には、試しにテキストなしで聞いてみてほしい。スキットを聞いて、理解できればよし。そのうえに、会話表現に関するドリルも、耳で聞いただけでできるかどうか。自分の口から、求められる英語表現が出てくるかどうか、やってみてほしい。テキストは見ない。聞いてわからなければ、何度かくりかえして聞いてみる。あくまで耳だけで了解し、声に出すべきところは声に出して練習するのである。

ラジオやテレビの語学講座で（まじめに）勉強しようとすると、ついテキストを見て予習をしたくなる。だが、この場合、予習はしない方がよい。何も予備知識がない、何も手元にない、という状態で「ラジオ英会話」を聞いてみる。テキストを開くのは、どうしても聞き取れないと思ったときである。テキストを開いて、文字で書かれた英語を見れば、なんだ、こんなことだったのか、と思うかもしれない。なんだ、こんなことだったのか、と感じることができれば、それは、高等学校できちんと文法を学び、読む力を蓄えている証拠である。高等学校までに学んでおくべき、英語の基礎力を蓄えていることを意味する。

テキストなしで、耳だけでラジオ講座を聞くことは、標準的な日本人英語学習者には、かなり難しいことだと感じられるかもしれない。だが、もしそれができるようになったら、そしてそれを一年間つづけることができたなら、英語を「聞く」力はもちろん、「話す」力も、それなりに身についていると考えてよい。これは「聞く」ことをインプットとして、アウトプットである「話す」力を鍛える、ひとつの方法である。

第四章　英語を日本語に訳すこと

文の構造を捉える

この章では、英語を読むにあたって、どのようなことが問題となるのかを、具体例をまじえて確かめてゆきたいと思う。読むことの意義、読む力を養うことの重要性について論じてきた以上、英語を読む現場というべきものも、ふまえておく必要があるからである。

英語を読んでいて、だんだん難しい文章に取り組むようになると、文全体にかかる動詞や、目的語や、補語などを見失うことがある。目的語と補語の関係を捉えそこねることはかなり多いし、間接目的語と直接目的語を見分けることすらおぼつかないこともある。何行かつづく、息の長い文章の場合、文の基本的な構造を捉えることができるようになるには、それなりの訓練が必要である。

それほど長くはない文章でも、つまずくことはありうる。たとえば、つぎの文はどうだろう。

All that is required to feel that here and now is happiness is a simple, frugal heart.

(Nikos Kazantzakis, *Zorba the Greek*. trans. Carl Wildman)

今ここにこそ幸福はあるのだと感じるには、ただ純朴でつましい心があればよい。

この文には、thatが二つ、isが三つふくまれている。一つの文にisが三つ出てくるというだけで、混乱してしまう、敬遠してしまうという人は、少なからずいるはずである。

文のはじめにある"all that is required to feel (that)"は「(that以下のことを)感じるために必要とされるものは」という意味で(feelにつづくthatは接続詞)、これにつづく"that here and now is happiness"「今ここに幸福はあるということ」が「感じる(feel)」ことの内容となる。"all that ..."はもちろん「……であるすべてのもの・こと」という意味だが(allにつづくthatは関係代名詞)、それが「すべて」だということは、「(せいぜい)それでよい」「ただ……があればよい」という意味である。また"here and now"は、そのままに訳せば「ここに今」だが、日本語の表現として「今ここに」という言い方が自然である。"here and now is happiness"におけるisは「ある」ということで、これは「今ここに幸福はある」あるいは「幸福は今ここにある」という意味になる。そしてall以下happinessにいたるまで「今ここに幸福はあるということを感じるために必要とされるすべてのこと」の全体を、つぎにあらわれるisという動詞が受けとめている。あとはそれにつづく「心」に与えられた形容詞の意味を考えればよい。つまり三つ目にあらわれるisこそが、文全体でもっとも重要な動詞のisだということになる。

あえて図解すれば、つぎのようになるだろう。

[All that is required to feel (that here and now is happiness)] is [a simple, frugal heart].

つまり、一見複雑にも見えるこの文は、A（S）+ is（V）+ B（C）という構文として理解できることになる（以下、用いることになる、S、V、O、Cといった記号は、それぞれ「主語」subject〈S〉、「動詞」verb〈V〉、「目的語」object〈O〉、「補語」complement〈C〉をあらわす）。

ついでに言えば、名詞の前にいくつか形容詞があって、コンマで区切られていると、そこで意味が切れると考えてしまう人がいる。右の例で言えば **"a simple, frugal heart"** の部分であるが、これは **a heart** を **simple** と **frugal** という二つの形容詞が修飾しているにすぎない。この程度の文なら、まず気にならないだろうが、意外にこのような単純なところでつまずく人もいる。

補語としての left

つぎはどうだろう。

I was almost sixty years old, and I didn't know how much time I had left. Maybe another twenty years; maybe just a few months.

(Paul Auster, *The Brooklyn Follies*)

全体の意味は「私は六十に近かった。そんな私に、どれだけの時間が残されていただろう。あと二十年かもしれないし、ほんの数ヵ月かもしれない」ということである。では下線を引いたleftはどういう文法機能をはたしているだろうか。

これは、たとえば、

Naomi had already left New York when Simon visited her apartment.

サイモンがナオミのアパートを訪ねたとき、彼女はすでにニューヨークを去っていた。

※Naomiは聖書に由来する英語名で、本来は［neióumi］もしくは［néioumài］、あるいは［néiəmi］と発音する。

というような文にあらわれる had left（leave——立ち去る——という動詞の過去完了）の left とは異なる。先の例の内容に即して別の文を作るなら、

I had just a few months left.
私にはほんの数ヵ月しか残されていなかった。

という文における left と構文上は同じ機能をはたしている。この文を、文型の上から説明すれば以下のようになる。

I（S）+ had（V）+ just a few months（O）+ left（C）.

つまり“... I didn't know how much time I had left.”における left は、右の文の left と同じ、補語としての機能を担っていたということになる。もちろん、この場合の leave の語義は「去る」ではなく「残す」であり、過去分詞の left は「残されている」という受け身の意味を持つ。したがって had left の部分をあえて日本語に訳せば「残されたものを持っていた」ということになる。“how much time I had left”という部分については、これを

もとに、

I had some time left.
私にはいくらかの時間が残されていた。

という文や、

How much time do I have left?
私にはどのくらいの時間が残されているだろうか?

といった文を作ることが可能だが、ここにあらわれるleftがどのような意味になるかは、構文上の機能という点から説明できることが望ましい。その方がよく納得できるのである。

for ~ to ~のまとまり

さて、もうひとつ。

Then came an order for the shipwrecked fishermen to be brought to Nagasaki.

(Christopher Benfey, *The Great Wave*)

それから、難船した漁民を長崎に連れ帰れとの命令が届いた。

文のはじめにあらわれるthenは、文脈によって「それから」にも「その時」にもなるが、ここではとくに問題としない。この例文では、

Then came an order.

それから（その時）命令が来た。

という文のorderという名詞にさまざまな説明がつづいているが、構文はきわめて単純で、

An order（S）+ came（V）.

という文の、主語と動詞が倒置されているにすぎない。ただし、主語と動詞が倒置されて

いる文には、つまずく人が多いかもしれない。倒置構文には慣れるほかないが、慣れるためにはたくさんの英文に触れておく必要がある。

ところで、order のあとにつづく部分は、どのような構造になっているだろうか。注目してほしいのは、for につづく部分と to につづく部分との関係である。

まず for 以下を「難破した船の漁民たちのために」ということだと考えてはいけない。そのように受けとっても、とりあえず意味は通じてしまうように思えるが、ここはつづく to 以下の部分とあわせて考える必要がある。結論を言えば for 以下は to 不定詞の「意味上の主語」にあたる。この例文では、to 不定詞が受け身 (to be brought) になっているため、ややわかりにくくなっているが、「長崎へ連れてゆかれる」ことになるのは「難破した船に乗っていた漁民」であるというのが、この文の伝えようとしていることである。参考までに、つぎの例文と見くらべるなら、文の構造がより明確になるだろう。

He gave orders for a salute to be fired.

彼は礼砲を発するよう命じた。

(『研究社新編英和活用大辞典』)

ここでも to 不定詞が受け身になっているが (fire は「発射する」の意)、for 以下は salute

（もとは「挨拶」「敬礼」の意で、ここでは「礼砲」）が、発射されるということである。礼砲のために命令を下したわけではない。for 以下は to 不定詞の意味上の主語をあらわすのである。

ここに引用した『新編英和活用大辞典』は、「命令」の意味の order のあとに to 不定詞がつづく例として右の文を掲げるが、これとまったく同じ意味になるものとして、order が that 節をしたがえる例を挙げる。

He gave orders that a salute (should) be fired.

このように書き換えられたかたちをみるなら、“for a salute” があくまで “to be fired” の意味上の主語であることが納得できるだろう。

したがって、はじめに引用した文についても、

Then came an order that the shipwrecked fishermen (should) be brought to Nagasaki.

という書き換えが可能だということになる。これで、難船した漁民が長崎に連れてゆかれ

るのだ、ということが一層はっきりするのではないだろうか。

ちなみに、to 不定詞の意味上の主語をあらわす for ～に気づく力はなかなか定着しない。知識として教わってはいても、目の前にある英文のなかで、きちんと見きわめがつくようになるには、かなり時間がかかる。これは、教室で教えていて実感することである。だが、この for ～ to ～というまとまりは、実際に話される英語で頻繁に耳にする。話す立場から言えば、きわめて便利な表現である。この for ～ to ～が「使える」ようになるには、英語を読んでいて、まずこれに気づく力が必要となる。for ～ to ～のまとまりに難なく気づき、for ～が to 不定詞の意味上の主語だと理解できるようになれば、聞き取りも楽になるし、話したり、書いたりするにあたり、身についた表現として使えるようにもなる。

構文を把握する力

構文把握においてつまずきやすいことは、ほかにもたくさんある。現在分詞と過去分詞に区別される分詞が、文全体のなかでどのような修飾関係をとり結んでいるか。過去形と過去分詞形が同じかたちを持つ動詞（とくに -ed でおわる動詞）を、過去形と考えるか過去分詞形と考えるか。説明のために挿入されている語句を、文の骨格をなす部分とどう選り分けるか。ひとつひとつあげてゆけばきりがない。

英語の構文を正しく捉えるのは、けっしてやさしいことではない。大学卒業後さらに大学院への進学を志すような層でも、与えられたテキストのなかの、主語や目的語や補語を見誤る学生は少なくない。英語の構文をきちんと把握できるようになることが、読む力の面で「使える」レベルに達することだとするなら、満足しうるレベルに達するのは、残念ながらごくわずかの層でしかないのかもしれない。

すでに言ったことではあるが、英語力は語彙力ではない。英語が読める力とは、いかに多くの単語（の意味）を知っているか、ということではない。単語の意味がわからないなら、辞書を引けばよい。一方、構文が摑めなければ、調べる手だてはない。お手上げの状態になってしまう。構文が把握できないと、（とりあえずは）知っている（と思える）単語が並んでいても、文全体の意味が浮かびあがってこない。話題となっていることがどのような方面のことなのか、おおよその見当はついても、何を言っているのかはわからない。ある程度の数の単語（の意味）を覚えることは必要だとしても、単語どうしがどのようなまとまりを持ち、どのような構造を作っているのかが見抜けなければ、英語を読んだことにはならないのである。

構文を把握する力が少しついたと思えたら、知らない単語の意味を調べるのは、全体の文を眺めわたしたあとがよい。その方が、読む力を伸ばすことができるし、同じ語でありながらさまざまに異なる意味をもつ単語（これを多義語という）について、たぶん、このような意味だろうとアタリをつけて辞書が引けるようになる。そうすれば、かなり効率もよくなる。同じかたちで、名詞にも、動詞にも、形容詞にもなるような語の場合、とくにそのような手続きが重要となる。構文のうえであらかじめ品詞の区別や意味の方向を見定めておかないと、どの語義があてはまるのか判断に困ることになる。

総合的な英語力の基礎

ここまで「読む」力や、構文を捉える力の重要性について述べてきたのは、日本人英語学習者が、日本語の環境のなかでまず身につけるべき力は、読む力であると考えるからである。日本語の環境においてこそ、構文把握の力をじっくり身につけておくことも可能だと考えるからである。日本語とはおよそ異質な、英語の文の構造を学び、構文把握の訓練を自己に施しながら、日英両語のちがいを自覚的に発見してゆくことは、総合的な英語力を身につけるための基礎となる。構文が把握できなければ、耳から入ってくる英語は、単なる英単語の（無秩序な）集積にすぎない。英語の構文についてしっかりした知識を持たなければ、英語として成立する文を、自分で書くことはできない。定型の会話表現ならともかく、自分自身の考えを盛りこんだ、中身のある発言を作りだしてゆくことはできない。

短期間でも英語圏に滞在すると、名詞表現からはじめて、厖大な数の単語や熟語表現を、比較的短い時間のあいだに覚える。食事や買い物をする際、どのような表現を交わすことになるか。学校や職場といった、自分が生きてゆくことになる環境において、日常的にどのようなやりとりが、どのような表現を用いておこなわれるか。それらについての基本的なことは(英語の基礎が身についていれば)数週間、数ヵ月のあいだに、ほぼ了解することができるようになるし、やがてみずから使うこともできるようになる。だが、たとえば新聞や雑誌を読んで(あるいは、やや専門的な本や仕事上の書類を読む必要に迫られて)、きちんと内容を理解したいと考えても、その時点で、英語の構文を把握する力が身についていなければ、読む力はなかなか伸びてゆかない。英語圏で暮らしはじめて、英語の構文がうまく把握できないと嘆いても、うまく疑問に答えてくれる人は、なかなか見つからない。英語母語話者に聞くのは敷居が高いし、たとえ聞いてみても、こちらが満足するような答えは、まず返ってこない。

英語圏での滞在経験が長い人が、意外にも読む力を身につけていないのは、けっして珍しいことではない。読む力が足りないため、せっかくの留学の機会を有効に生かせないでおわる人も多い。読む力が足りないと、書く力がつかないし、議論する力もついてこない。読む力の基礎、とくに英文の構造を把握する力は、日本の学校の教室でこそ身につけておくべきである。日本の教室でなら、日本人学習者にとって理解の難しい点をきちんと教えてくれるし、どんな疑問をもぶつけることができる。逆に言えば、読む力を養おうとしない教室は、日本での英語教育の責任をはたしていないことになる。

日本人教員がはたしうる役割

さて、日本人英語学習者を対象とする教室で、読む力はどのように養ってゆけばよいだろうか。仮に、新指導要領が掲げる、英語の「授業は英語で行う」という方針が実施に移されたとして、日本人英語学習者は、どのようにして読む力を身につけてゆけるのだろうか。

日本の学校の教室、とくに高等学校段階の教室で、英語を英語で教えることになった場合、英文の構造を英語で説明しようとするのは、至難のわざである。それほど単純ではない文の、どれが主語で、どれが補語なのか、あるいはどの語句がどの語句を修飾するのか、などといったことを英語で説明したとして、教室の生徒が理解できるかどうかは保証のかぎりでない。まず不可能だと考えるのが、現実的なところではないだろうか。英語の文法用語を振り回しても、かえって混乱を招くばかりである。文を小さな単位に切り分けて、少しずつ簡単な英語で言い換えていったとしても、全体の構造や意味はなかなか説明しにくい。

そもそも、生徒たちはどのような反応を返せばよいのだろうか。教室では、当然、先生が質問し生徒たちがこれに答える、あるいは生徒が質問し先生が答える、という場面が想定される。そのやりとりを英語でおこなうことを求めるのだろうか。できればよいが、残念ながらできるとは思えない。高等学校の生徒たちに、ある水準の読解力が要求される英文を与え、それが理解できているかどうかを確認するため、英語での応答を促すというのは、過大な要求である。また、英文の意味がわからない、構文がとれないという生徒たちの疑問に対し、日本語による説明を封じてしまうのが、よいことなのかどうか。わからない英語について、さらによくわからない英語で答えが返ってくるということにならないか。日本語を母語とする日本人英語学習者が、英文の意味を日本語で理解しようとすることは、はたして望ましくないことなのか。

これに関連して注意しておくべきことは、英語の母語話者は、日本語を母語とする英語学習者が、英語の構文把握等に苦労する感覚をあまりよく理解しない、ということである。文の構造そのものに違和感を覚える初学者に、英語母語話者が心から共感してくれることはまずない。そういう語順、言い方になるのはあたりまえではないか、という顔をする。英語の母語話者に「この文の構造がわからない」などと英語で質問しても、けっしてはかばかしい答えは返ってこない。こちらが納得するような答えを期待することはできない。質問をした文を読み上げ、難しそうな単語をやさしい単語に言い換え、構文じたいはそのまま、といったことになりかねない。質問の趣旨を理解してくれるのは、日本語の高度な読み書き能力を身につけ、長く日本人学生を相手にした経験を持つ、すぐれた教員にかぎられる。ただし、その説明――英語でなされる（丁寧な）説明――を生徒たち、学生たちが聞いて理解できる保証はない。

英語の構文等を把握し理解するには、結局は日本語に訳してみること、教室で「訳読」をするのが、もっとも効率的だと考えざるをえない。文法用語を嫌う学生でも、文型、構文等に関する知識が曖昧な学生でも、英語を日本語に置き換えつつ解説してみせれば、構文や意味は了解する。文法や語法の説明が苦手な学生でも、訳読をさせてみれば、英文の構造を理解しているかどうか、かなりはっきりと確かめることができる。

英語母語話者は、英語教育において必ずしも万能ではない。日本人英語学習者に「読む」力をつけようとする際、日本人英語教員がはたしうる役割は大きい。むしろ、日本人教員が英語の構文把握等を（日本語で）教えた方が、はるかに効率はよいだろう。また、その方が、かなり難しい英語にも手が届くようになる。

レトリック満載の英語に挑めるか

一方で、日本人英語学習者に対し、英語で教えることができる教材を選ぼうとすれば、かなりの配慮が必要になる。あえて言えば平板な英文にかぎらざるをえなくなるだろう。構文はいたって平明、細部にこだわる必要などなく、おおまかな情報が容易に取りだせる英文、といったあたりだろうか。四択問題や正誤問題を課して、正解を確認すれば済んでしまう、といった英文なのかもしれない。

そのようなレベルであっても、大量の英文を読んでゆけば、たしかに英語力はつく。ある程度の運用能力も養ってゆける。だが、多少レトリックを施した文に出会えば、たちまちつまずいてしまうだろうことも確かである。たとえば英語雑誌『タイム』*Time* の英語は、レトリック満載である。構文上も凝った文章が少なくない。日本の平均的高校生に『タイム』は無理だとしても、やがてそのような英語に挑戦してゆける力を持つ層を、日本の英語教育は養っておかなくてよいのか。そこは、はじめから断念してしまうのか。はたしてそれは「使える」英語力なのか。日本の高等学校の教室に「授業は英語で行う」という方針を持ち込もうとするなら、まずはその点をじゅうぶんに議論しておく必要があるはずである。

so ... that の対応関係

教室で訳読の授業をしていると、オヤと思うことがある。たとえば、

Though she witnessed the accident, Annie never told her story to the authorities.

事件を目撃していたにもかかわらず、アニーはけっして自分の体験を当局には語らなかった。

といった、それほど難しくはないと思われる構文について、いきなり「しかしながら……」とはじめる学生がいたりする。「しかしながら彼女は事件を目撃して、アニーはけっして彼女の物語を権威には話さなかった」といったあんばいである。この文は、

Annie witnessed the accident, but she never told her story to the authorities.

と書き換えることはできるが、このように書き換えてしまえば「……であるにもかかわら

ず」という譲歩節のニュアンスは失われてしまう。こんな何でもないところに、訳読をきちんと経験したかどうかの差はあらわれてくる。

英語の構文で、比較的なじみ深いものに、so ... that や such ... that がある。たとえば、

Susan was so exhausted that she could not say a word.

スーザンはあまりにも憔悴していたので、一言も口をきくことができなかった。

It was such a boring lecture that more than half of the audience left the hall.

あまりにも退屈な講義だったので、聴衆の半分以上が講堂を出た。

といった文に使われる表現である。この程度の長さなら、so ... that や such ... that の対応関係をきちんと学んでいれば、訳しまちがえることはないであろう。ただし、実際に英文を読んでいると、so と that のあいだに長々と補足の説明がつづくことがあって、対応関係に気づかず、結果的に so の意味も that の意味も取り違えてしまうことがある。たとえば、以下の文はどうだろうか。

The streamlining of business has so increased the number of nonpermanent employees that many companies are now the target of criticism in our society.
ビジネスの効率化によって、非正規労働者の数があまりにもふえたので、多くの企業が社会の批判の的になっている。

これなどは so ... that の対応関係がまだ比較的はっきりとしている方だが、これ以上複雑な文になると、時に見落としてしまうことがある。こうした点については、実際に多くの英文に接して、さまざまな用例に触れながら応用力をつけてゆくしかない。

so ... that や such ... that の構文は相関構文とも呼ばれる。初歩的でよく知られた相関構文としては、ほかに not ... but ...（……ではなく、……だ）や not only ... but also ...（……だけでなく、……も）などがある。また相関構文の一部に、修飾語句が加わることもある。たとえば、

Just as there have been changes in our clothing over the last hundred years, so have there been substantial changes in our dietary habits.
過去百年間に我々の衣服が変化したように、食習慣にもかなりの変化があった。

はas ... so ... の相関構文のはじめに単にjustが加わったものである（ちなみに、この文の後半が“there have been”ではなく“have there been”となるのはsoという副詞が先行するため、文の倒置がおこるからである）。このas ... so ... の対応なども、長い文のなかで用いられると、しばしば見落としてしまうものである。

構文把握の問題を離れても、注意すべきことはさまざまにある。一見、まったく何でもなさそうなところでつまずくこともある。

but then という表現

夏目漱石の小説『それから』の英訳は *And Then* である（trans. Norma Field）。また、アガサ・クリスティの小説のタイトル『そして誰もいなくなった』の原題は *And Then There Were None* である。ここにあらわれる“and then”という表現には、それほど注意を要しない。and と then の意味を組み合わせて考えれば、ほぼその意味は了解できる。もっとも and then が、文脈によって「そのうえ」「しかも」「そうなると」等々、さまざまに訳を工夫すべき、含意の豊かな表現であることは、留意しておいてよいだろう。

では、この and を but にしたらどうなるだろうか。たとえば、

I hate mobile phones, but then I cannot do without them.

というような文である。このbut thenについて、念のため*Oxford Advanced Learner's Dictionary* (Seventh Edition) を引いてみると、"but then (again)" という項目のもとに、こんな説明がある。

1. however; on the other hand
しかしながら、その一方で（その反面）
2. used before a statement that explains or gives a reason for what has just been said
直前に述べられたことに対し、説明したり、理由を示したりする言い方の前で用いられる

つまりbut thenはbut then againともいう成句であって、「しかし、それから」でも「しかし、その時」でもない、ということになる。「2」の語義については、

She speaks very good Italian. But then she did live in Rome for a year (= so it's not surprising).

という例文が掲げてあって、これが「彼女はイタリア語を話すのがとてもうまい。（だが）それというのも、一年間ローマに住んでいたからだ」というような意味になるだろうことがわかる。この場合、カッコのなかにいれた「だが」はなくとも、意味はじゅうぶんに通じる。「だって、一年ローマにいたんだよ」といったところである。

さらに念のため、but then を英和辞典で引いてみる。すると「とはいえ、そうはいっても」といった訳語が見つかることだろう。以上のようなことを確認したあとであれば、先に引いた例文は、

携帯電話は嫌いだが、かといって、なしで済ませるわけにもいかない。

と訳せることがわかる（do without は「なしで済ませる」の意味である）。but も then もよく知っている単語だからと油断すると、意味を取り違える。こういった表現は、日本語に訳した

うえで、その意味、ニュアンスを確かめた方が納得がゆくだろうし、理解も定着するだろう。ちなみにbut thenは、文脈によっては「しかし、その時」という意味にもなりうる。文の意味は、あくまで文脈に依存するので、そのあたりの判断が難しい。

英語の成句の意味などは、高校生、大学生の段階であれば、どんどん日本語の訳で覚えてしまってよいだろう。その方が理解は早いし、数多くの表現を学んでゆける。たとえば、

He left his home country for good.
彼は、永久に祖国を去った。

Everything is fine so far.
いまのところ、すべて順調。

といった文にあらわれるfor goodやso farについては、それぞれ「それを最後に、永久に」、「いままでのところは」という日本語の訳を覚えてしまえば、それで足りる。このような表現について、まわりくどく英語で説明する必要はないだろうし、わざわざ四択問題

を課すまでもない。教室で日本語の意味を確かめてしまえば済む話である。

多義語の語義を見定める

もっとも、機械的に意味を覚えてしまうだけでは対応しきれない表現も、多々ある。たとえばotherwiseという言葉の意味は、文脈のなかでこそ確かめておかないと、なかなか理解が難しい。まず、辞書を引いてみよう。

I went at once; otherwise I should have missed him.
私はすぐ出かけたが、そうでなかったら彼に会えなかったろう。
(『研究社新英和大辞典』第六版「otherwise」の項)

ここに引いた『新英和大辞典』は、otherwiseを副詞と形容詞に分けたうえ、副詞としては、

1. その他の方法で、別のやり方で、(それとは)違って、別のように
2. そうでなければ

3．他の点では

といった訳語を挙げる。引用したのは、二番目の語義「そうでなければ」の項目にあらわれる例文である。

この「そうでなければ」が、具体的にどういうことを指しているかは、きちんと確認しておく必要がある。右に引いた例文では「私はすぐに出かけたが、もしすぐに出かけていなかったら」という意味になる。実際に行動に移した行為について、反対の場合を考えることになるため、そこに仮定が入る。そのため"I should have missed him."という仮定法過去完了のかたちになる。

この otherwise が unless（……でないかぎり）をともなったりすると、さらにやっかいである。

All the examples in this chapter are by the present author unless otherwise indicated.

この章 this chapter に収められている例文は基本的に筆者 the present author が作った

ものである。だが、例外として出典が示されて indicated いる場合（たとえば *The Great Wave* から、というような場合）もある。そのように明記されているのでなければ、という意味である。日本語に直せば「この章の例文は、とくに断りがないかぎり、すべて筆者によるものである」となる。

これらは、比較的短い文のなかにあらわれる otherwise だが、テキストのなかにあらわれる otherwise の意味の把握には苦労することが多い。個々の例について、文脈にそって具体的に内容を確かめてみなくてはならないし、それは自分自身でおこなう必要がある。四択問題などを与えて助け舟を出すのは、要らざる親切心というものである。

文脈にそって考えるということで言うなら、多義語の語義を見定めることは、英語を読むうえできわめて重要な作業になる。たとえば、名詞の maintenance は「メンテナンス」というカタカナ語で日本語にも入ってきているが（ただし英語の発音は［méintənəns］となる）、動詞の maintain には「維持する」「養う」「主張する」「支持する」などいろいろな語義がある。interest という単語は、名詞にも動詞にも使えるが、名詞としては「興味、関心」「利益」「利害関係」「利子」等々、さまざまな語義がある。cause は、動詞として「原因となる、引き起こす」という語義だが、名詞には「原因、理由」の他に「大義、目標、主張」、あるいは「(訴訟における) 申し立て」という重要な語義がある。ここでは思いつくままに例を挙げたが、いくつもある語義から正しいものを選択できる力を養うのに、訳読は大きな役割をはたす。

多義語の語義を見定めるには、かなりの困難をともなうことがある。テキストの内容をじっくりと考え、文脈にそった訳語を選ばなくてはならないし、なにより辞書をしっかり引かなくてはならない。場合によっては、辞書の項目をはじめからおわりまで読む必要も生じる。訳語だけ拾い読みするのは危険である。ある単語がどういう単語と結びついたとき、どのような意味になるのか、用例を確かめておかないと、誤った語義を選択してしまうことになりかねない。そのような手続きは、英語のテキストを読む際、もっとも重要な作業となる。日本人英語学習者なら、これはまず日本語でおこなうことになるだろう。テキストの内容を深く読み込み、抽象的な議論を追いかける際など、日本語を介さなければ困難な場合もある。英語で語義、用例が記された辞書、いわゆる英英辞典が使えるようになればなおよいが、当面は英和辞典に頼ることになる。

電子辞書と英語学習

近年、気になることのひとつに、急速に普及しつつある電子辞書は、こうした地道な英語学習にはあまり適していないのではないか、ということがある。私自身、数種類の電子辞書を持っていて、電車のなかや旅行先でとても重宝しているが、高校生や大学生の段階で英語を学ぶには、いろいろと不都合なことが多いように思う。

機種にもよるが、英和辞典の場合、まず調べたい単語を入力して、リストから目当ての単語を選び出すと、画面に表示されるのは、日本語の訳語のみである。しかも、表示画面はそれほど大きくないから、多義語の場合など、画面をスクロールして、最後の項目まで表示させなくてはならない。また、それぞれの語義について用例を確かめるには、別のボタンを押したうえ、語義ごとにボタンを押し直さなくてはならない。熟語、成句についてでは、さらにまた別のボタンを押さなくてはいけないし、用例を眺めているうち、バッテリー節約のため、画面が消えてしまったりする。

電子辞書が普及したのは、何といっても軽いのと、何種類もの辞書が同時に引けるからである。また、キーボードで綴り字を入力すれば、目当ての単語がすぐにあらわれるという手軽さもある。辞書を引き慣れない初学者は、紙の辞書をめくって目当ての単語にたどり着くまでの時間を、ひどく煩《わずら》わしいものに思う。五十音順で立項された国語辞典に慣れてしまうと、いろは順に立項された昔の国語辞典が引きにくいと思う感覚に似ているだろう。

だが、紙の辞書なら、目当ての単語にたどり着いたあとは、電子辞書よりもはるかに効率がよい。一度に目に入ってくる情報の量は電子辞書の比ではない。同じ語形でいくつかの品詞に分かれるもの、多くの語義に分かれるものについて、たちどころに全体を見渡すことができる。それぞれの語義のあとには、すぐに用例がつづく。熟語、成句にも、簡単に目が届く。時間的余裕があれば、ほかの単語の記述を眺めることもできる。

そうやって、同時にいろいろなところに目を配りながら辞書を引く作業は、英語学習にとってとても大事なことである。昔から、辞書に載っているはじめの方の語義だけを見て、残りの語義、項目をしっかり見ないようではいけない、とよく戒められたものだが、電子辞書の普及は、そうした安易さを助長してしまうのではないだろうか。ことに、表示画面の制約から、あるいはボタン操作の煩雑さから、多義語のさまざまな語義を見渡すことや、用例を確認することを怠るようになるなら、少なくとも学習目的では、電子辞書は遠ざけておいた方がよいのではないかと思う。

何よりも、電子辞書は、いくらマメに引いても手垢がつかない。はじめは背が硬くて引きにくかった紙の辞書が、使っているうちに少しずつ手になじんで、紙じたいも柔らかくなり、手垢で汚れてくるのは、勉強の成果が目に見えるようで、とてもよいものである。自分の努力のかたちが、目の前に残る感じがあって頼もしい。

「使える」英語力とは

話が訳読から少し脱線してしまった。

多義語の語義の選択に話を戻せば、日本人英語学習者が、英語でこれをおこなおうとするのは、かなり難しいことだと思う。高等学校の「授業は英語で行う」方針を守ろうとするなら、多義語については、あらかじめいくつかの選択肢を与えて（やはり四択問題を作るのだろうか）、適当なものを選ばせるという作業しか想像できない。選択肢を英語で与えるとして、その英語じたいが理解されるだろうか、という不安もある。また、そのような受け身の学習に終始していて、テキストのなかの単語の語義を自分自身で見定める力がつくだろうか、という疑問、不安も大きい。「使える」英語力とは、何の手助けもないところで、自分自身で判断し、理解し、使いこなせる力であるはずである。英語の「授業は英語で行う」という方針に固執するあまり、日本人英語学習者の自立を妨げてしまうようでは、本末転倒というものではないだろうか。

第五章　翻訳と訳読――対応するもの・見合うもの

訳読と翻訳はちがう

訳読について語ろうとする際、つねに意識されることに、訳読と翻訳はどうちがうのか、という問題がある。訳読も翻訳も、英語に直せば translation［trænsléiʃən］である。何がどうちがって、わざわざ日本語では別の言い方をするのか。訳することと、翻訳することは同じことではないか、という疑問は当然あってよい。

訳読と翻訳は、はっきりとちがう。そのことをまずは言っておこう。同じ translation でも、翻訳という行為と、訳読という作業はまったく別物である。おおまかに言ってしまえば、翻訳は目的となるが、訳読は手段でしかない。翻訳では、日本語できちんと理解できるテキストを作ること、そのことじたいが重要な課題となる。日本語だけを読んで、じゅうぶんな理解が得られなければ、翻訳の存在意義はない。一方、訳読は、英語学習のための手段にすぎない。英語を読む力がついて、いわゆる直読直解ができるようになれば、訳読という作業は不要になる。訳文も、もとの英語の意味がわかるなら、日本語として多少ぎこちなくとも構わない。日本語の表現に凝る必要は、必ずしもない。

言葉・テキスト・文化という要素

はじめに、翻訳一般に関する理論的な枠組みを示しておこう。ここに翻訳一般と言うのは、翻訳と訳読の両者をふくむ意味である。すこし回り道になるかもしれないが、その方が議論はより明確になるだろう。

翻訳とは、ある言語を別の言語に置き換えることである。ここでは、話をわかりやすくするため、英語と日本語の関係で考えてみることにする。中国語と日本語の関係や、フランス語と日本語の関係、あるいは三つ以上の言語のあいだの相互関係といった、翻訳の言語をめぐるさまざまな問題は、とりあえず視野の外に置くことにする。

翻訳は、英語で書かれたテキストと、日本語で書かれたテキストのあいだの、関係の問題である。このとき、つぎのような図式が成立する。

英語のテキスト――――日本語のテキスト

英語のテキストと日本語のテキストを結ぶ線は、もちろん双方向のものである。英語のテキストを日本語のテキストに直すのも、日本語のテキストを英語のテキストに直すのも、おなじ日英両語間の翻訳である。ただし、話を簡略にするため、当面は、英語のテキストが日本語に訳される場合のことを考えてゆくことにする。英語のテキストを「翻訳元」ないし「起点」とし、日本語のテキストを「翻訳先」ないし「終点」であるとする。

この「起点」と「終点」の関係については、その双方において、三つの要素、すなわち言葉languageとテキストtextと文化cultureという要素を考える必要がある。

これをあらためて図示すれば、つぎのようになる。

英語という言葉　　　　　日本語という言葉
英語のテキスト――――日本語のテキスト
英語の文化　　　　　　　日本語の文化

目の前に英語のテキストがあるとしよう。それは英語という言葉で書かれ、英語という言葉の約束事のなかで成立している。英語という言葉の約束事を守って書かれ、英語という言葉の約束事にしたがって読み解かれる。英語という言葉の約束事を無視して、英語のテキストが生みだされることはない。

テキストが成立する文化的背景

同時に、テキストが成立する文化的背景という要素も考えなくてはいけない。英語で書かれたテキストが生みだされ、英語で書かれたテキストが受け入れられる、文化的土壌というべきもののことである。テキストの背後にひろがる文化を考慮に入れて、ようやく英語のテキストの意味は了解できる。

翻訳とは、英語のテキストを日本語のテキストに移し替えることである。日本語のテキストに変換するにあたっては、日本語という言葉の約束事と、日本語のテキストが成立する文化的背景をも、あわせて考えなくてはならなくなる。

言葉の約束事などと言っても、あたりまえのことだと思われるであろう。英語の文法、語法等にしたがって書かれたテキストを、日本語の文法、語法等にしたがったテキストに直すということである。だが、これがなかなか一筋縄ではゆかない。

翻訳を論ずる際、しばしば直訳か意訳かが問題となる。これは英語の文を支える約束事と、日本語の文を支える約束事が、あまりにかけ離れているために、強く意識されることになる。英語の文の語順そのままに、単語だけを日本語に置き換えても、けっして日本語の文にはならない。かといって、日本語としてあまりに滑らかな文にしてしまうと、英語のテキストのニュアンスや味わいが失われてしまうように思う。書かれている内容をとりこぼしてしまうようにも思う。語順ばかりではない。英語に特有な言い回しで、英語だからこそ意味が生じうるような表現を、そのまま日本語に移し替えても、日本語としてまったく理解できないことがある。そういった点について、どのあたりでうまく加減し、折り合いをつけるか。これは、なかなか難しい問題である。

英語の手紙には英語の作法がある

テキストが成立する文化的背景については、手紙文を例にあげて説明するのがよいかもしれない。

手紙には手紙の書き方がある。英語で手紙を書くなら、はじめに日付や相手の住所を書き、“Dear ...”とつづけるが、あとはいきなり用件を書きはじめて構わない。たとえば、

I am writing about the conference we propose to host on April 1, 201X.
二〇一X年、四月一日に開催を予定しております会議の件でお手紙いたします。

といった書き出しである。何かを送る（同封する）のであれば、はじめから、

Enclosed please find the program of the conference to be held on April 1, 201X.
二〇一X年、四月一日に開催予定の会議のプログラムを同封します。

といった具合である。日本語の手紙を読み慣れた感覚で言えば、かなり無愛想に響く。なんだか物足りないという感じを持つ。

ちなみにこの"Enclosed please find ..."もしくは"Please find enclosed ..."は同封した物を送る際のきまった言い方で、語順に倒置は見られるものの"find＋目的語＋enclosed"という「V＋O＋C」の命令文であり、enclosedは過去分詞である。電子メールにファイルを添付するのであれば、enclosedの代わりにattachedを使えばよい。

日本語の手紙で、ややあらたまったもの言いにするなら、たとえば、

拝啓　秋爽の候、皆様にはますます御清祥のこととお慶び申し上げます。
さて、二〇一X年四月一日に開催予定の会議のプログラムが用意できましたので、ここに同封いたします。

とでも書くところだろうか。最近は、時候の挨拶など抜きで書き出す手紙もふえたが、それでも「前略」「冠省」等の文字は欠かせない。これは、時候の挨拶は失礼ながら省かせていただきますという意味である。

海外の雑誌の定期購読を勧めるダイレクトメールなどには、英語の手紙をそのまま日本語に訳したようなものがある。日本語として間違ってはいないが、何か変だという感覚を持つ。手紙文には、儀礼的な要素が多くふくまれている。手紙を書くうえでの作法を守らなくてはならない。英語の手紙には英語の手紙の作法があり、日本語の手紙には日本語の手紙の作法がある。それぞれに、ふまえておくべき形式があるのである。これは、手紙というものをとりまく文化の問題ということになる。文化のちがいを考慮に入れないと、困ったことになる。

したがって、日本語の手紙の定型である時候の挨拶、たとえば、

拝啓　ようやく春の陽射しが感じられるようになりました。皆様お元気でお過ごしのことと存じます。

といった日本語の文、すなわち日本語のテキストは、日本語の文化のなかで成立するのであって、英語の文化のなかでは成立しない。この日本語のテキストを、英語にそのまま訳すことは不可能だし、仮に訳しおおせたとしても、英語の手紙の書き出しとして意味を持たない。ヘンだ、不思議だ、と思われるのがオチである。英語にも、

I hope this finds you well [in good spirits].

お元気のことと存じます。

というような言い方はあるが(この文にあらわれるthisとは、相手が受けとる手紙あるいはメールのことである)、これですら、やや堅苦しい感じを抱かせる。日本語のテキストのなかでならまったく自然に響く、「秋爽の候」も、「春の陽射し」も、「お慶び申し上げます」も、英語に訳すことはできない。「拝啓」は、"Dear ..."に対応するにすぎない。英語の手紙なら、あとはいきなり用件を書きはじめるのが自然なのである。

ここに例としてあげた日本語の手紙文のテキストを、そのまま英語のテキストに直すのは、奇異であり、無意味である。つまり、手紙文の場合は、テキスト同士の関係だけを考えても、翻訳は成立しないということになる。同じようなことは集会、式典、パーティ等、大勢の人びとの前でおこなう挨拶の仕方などにも言える。日本語の挨拶の定型表現は、しばしば英語に翻訳することが不可能だったり、無意味だったりする。「以上をもちまして、簡単ではございますが、私の挨拶に代えさせていただきます」を、英語に直すことはできない。言葉そのものを訳すことはできるが、英語しか理解しない聴衆は、何を言われたのか理解に苦しむことだろう。手紙や挨拶については、テキストを成立させている文化の問題を考慮に入れる必要がある。手紙や挨拶をめぐる文化、と言ってもよい。そのような文化的要素をふくめて考えなければ、翻訳 translation はうまくゆかないのである。

先に紹介した図式を逆にしてみよう。

日本語のテキスト――――英語のテキスト
日本語の手紙の文化　　英語の手紙の文化
日本語の挨拶の文化　　英語の挨拶の文化

翻訳元・翻訳先どちらを尊重するか

翻訳には、おおまかに言って、ふたつの態度がありうる。翻訳元・起点を尊重する立場と、翻訳先・終点を尊重する立場である。英語のテキストを日本語のテキストに直す場合に話を戻せば、英語のテキストに用いられている表現や発想を、できるだけ尊重して日本語の訳に生かそうとする立場と、翻訳の結果として生まれる日本語のテキストに、日本語としての質、自然さを要求する立場である。要求される質は、日本語としてのわかりやすさ、読みやすさかもしれないし、言葉そのものの味わいかもしれない。あるいは、日本語の文化にうまく適合する工夫が求められるのかもしれない。それは、何をどのような状況で訳すのかによる。ふたたび、先の図式に戻ろう。

（翻訳元・起点）　　（翻訳先・終点）
英語のテキスト――――日本語のテキスト
発想・表現　　　　　言葉の質・自然さ

英語のテキストの表現や発想を尊重する立場を、仮に「英語のテキストを志向し優先する」態度と名づけることにしよう。一方、翻訳されたのちの日本語のテキストの質や自然さを尊重する立場を「日本語のテキストを志向し優先する」態度と名づけることにする。これらは、翻訳の理論においてほぼ定着している source-oriented ［sɔ́:rs ɔ̀:rientid］と target-oriented ［tá:rgit ɔ̀:rientid］という用語に倣ったものである。source-oriented とは翻訳元・起点を志向する、優先するということであり、target-oriented とは翻訳先・終点を志向する、優先するということである。ちなみに、英語のテキストを日本語のテキストに直す場合で言えば、英語のテキストを source text と言い、日本語のテキストを target text と言う。したがって source-oriented は「英語のテキストを志向し優先する」態度であり、target-oriented は「日本語のテキストを志向し優先する」態度だということになる。

対訳本と映画の字幕

世の中には「対訳本」というものがある。横組みで、左側に英語のテキストを載せ、右側に日本語のテキストを載せた本である。古典的な文学作品などに多いが、目的は英語学習を助けることにある。日本人英語学習者が、まず英語のテキストを読み、つぎに日本語のテキストを読むことで、英語のテキストが理解できるようになっている。左側の英語のテキストに対応する部分が、右側の日本語のページに収まるような工夫が施されていたりする。

対訳本は、あくまで英語の原文が理解できるようになるために作られるから、英語そのものが理解しやすいような日本語の訳を提供していることが多い。流麗な日本語だったりすれば、かえって英語の理解が妨げられるおそれもある。英語の構文が理解できて、個々の単語の意味がわかるような、あまり凝らない訳の方が、学習者には親切というものだろう。これは「英語のテキストを志向し優先する」訳だということになる。

一方、英語で書かれた小説が、日本語の翻訳として出版される場合は、ややおもむきを異にする。日本語として読みやすいことが、訳文のひとつの大きな条件になる。日本語の行文を辿ることに困難を覚えるような訳は、あまり好ましくない。名訳といわれるものは、まずは日本語として読みやすい文章で書かれた翻訳である。日本語のテキストとしての味わいも、多少加わるかもしれない。これは「日本語のテキストを志向し優先する」訳である。

「日本語のテキストを志向し優先する」訳の最たるものは、映画の字幕であろう。英語で長々とつづくセリフが、わずか数秒間スクリーンに映しだされる、一行か二行の日本語に置き換えられる。内容から言って、半分も訳されていない場合はけっして珍しくない。それはあくまで、日本語で映画の内容を理解しようとする観客のため、(きわめて短時間のうちに)日本語で理解できることを優先しているからである。

映画の字幕ほどではないにしても、「日本語のテキストを志向し優先する」訳には、いろいろなものがある。かつて明治期には「翻案」と呼ばれる翻訳が数多く出版された。外国人の人名を、日本風に変えてしまうということもあったし、物語の筋すらちがったりした。子ども向けの翻訳には、日本語で育った児童・生徒の理解を優先させる翻訳、あるいは抄訳がある。そもそも物語の題名からして、日本的表現に変わることが多い。バーネッ

トの *Little Lord Fauntleroy* が『小公子』と訳されるのはまだしも（Lord Fauntleroy はフォントルロイ卿という意味である）、オルコットの *Little Women* は『若草物語』となる。このような書名も「日本語のテキストを志向し優先する」翻訳の例だと言える。

英語を志向し優先するか、日本語を志向し優先するかの選択は、翻訳の目的および方法に関わる。

「対訳本」の翻訳は、英語のテキストの理解を図ることが目的である。したがって、英語の構文、表現等が理解しやすい訳であることが求められる。採られるべき方法は、英語の表現、言い回し等を尊重した、逐語訳を工夫することである。一方、翻訳小説として出版される翻訳は、小説として読者を愉しませることが目的となる。したがって、日本語のテキストとして読みやすい文章を練りあげるのが、まずは採るべき方法だということになる。文学性に優れた小説を、その特徴的な文体に留意しながら訳したり、難解な前衛小説を、日本語としての読みやすさを多少犠牲にしてまで訳すという方法はありうるが、それは英語の原文の文体がどのようなものであり、どのような実験がおこなわれているか、読者に少しでも伝えることが目的となるからである。

訳読の最優先課題

ここでようやく訳読の話になる。

訳読の目的とは、英語のテキストそのものを（母語である日本語で）理解することであり、理解していることを確認することである。とるべき態度は「英語を志向し優先する」ことだということになる。英語の構文が理解できているか、英語の単語の意味や表現が理解できているかを確かめることが、最優先課題となる。したがって、英語の構文や表現の仕方に引きずられて、訳文が日本語として多少ぎこちなくなってしまうのは仕方がない。関係代名詞や関係副詞などで長くつながってゆく文を訳すのは、誰しも苦労するところだが、口頭でおこなう訳読の場合、まずは部分部分に切り分けてゆくのもひとつのやり方である。部分の意味を確認したうえで、あらためて全体を眺め渡し、部分が全体にどうつながっているのか確認するというのでよい。

忘れてならないのは、訳読においては、訳す側と、それを確かめる側が、元の英語のテキストを共有しているということである。英語のテキストがどのようなものなのか、互いに了解したうえでおこなわれる作業だということである。したがって、英語のテキストの存在を前提として、はじめて了解が可能となるような日本語でも、とりあえずは構わない。本として出版される翻訳作品のように、日本語だけ読んでよくわかる訳文にまで練り上げる必要は、必ずしもない。

「クジラの公式」

だが、それでも英語を日本語にするのに、苦労することはたくさんある。

いわゆる英文解釈では、ある構文について、訳の公式のようなものを学ぶことがある。この構文はこう訳せ、というようなことを覚えさせられる。勉強していると、時に馬鹿馬鹿しい思いをすることもある。やや古い世代なら no more … than … という構文について「クジラの公式」というものを習った方が多いはずである。つぎのような例文である。

A whale is no more a fish than a horse is.

クジラがサカナでないのは、ウマがサカナでないのと同じである。

私自身、はじめてこの例文を見た時は、なぜクジラとウマとサカナが話題にならなくてはならないのか、怪訝《けげん》な思いをぬぐえなかった。これは「ウマはサカナでないし、同様にクジラはサカナではない」と訳しても構わないが、ほかにいくらでも例の示し方はあったように思う。

ただし、この妙な例文のおかげで no more … than … という構文の訳し方は、しっかりと記憶に残った。no more ... than ... は、それほど珍しい構文ではない。英語の本を読んでいれば、いくらでも目につく表現である。このような構文は、その訳し方を教わらなかったなら、意味のとりにくい文として、あるいは訳の工夫しにくいものとして、つねに悩みの種として残ったかもしれない。いわゆる英文解釈の公式は、英文の意味を理解するにあたって、意味の了解が容易な日本語を提供してくれる。そのような訳し方の型を学ぶことで、ともすればぎこちなくなりがちな日本語の訳を工夫してゆくことができる。

英文解釈の公式には、ここ百年以上にわたって英語を学んできた日本人たちの、経験則のようなものが詰まっている。「ことほどさように（事程左様に）」という日本語の表現は、so ... that の構文を訳すにあたって工夫された言葉であるとされる。古めかしい言い方になってしまったから、いまでは役に立たないだろうが、英語の文を前にして、そのような日本語の表現を作りださなくてはならなかった苦労はよくわかる。訳読にあたっては、そうした先人の知恵をおおいに活用すべきである。その方が、定型の構文の意味を捉えるのに苦労がなくて済むし、訳文も作りやすい。

自分なりの英文理解を伝える

試験に出題される英文和訳では、どのような訳を心がければよいだろうか。

これについては、出題者が何を求めているのかを考えればよい。出題者は、英語の構文等がきちんと捉えられているか、英語の表現の意味がわかっているかなどを、確かめようとする。英文を読む力がどのくらい備わっているか、内容をきちんと把握する力があるかどうかを、訳文を通して判断したいと考える。英語のテキストに即した、理解度が測られるのである。これはまさに「英語を志向し優先する」態度に他ならない。したがって解答者は、英語のテキストに即して、自分はこの英語の意味、あるいはニュアンス、内容をよく理解しているという点を、出題者に納得させればよい。自分は英語がきちんと読めるのだということを、出題者（採点者）に印象づけることが目的となる。採るべき方法は、自分なりの英文理解が、出題者に伝わるような訳を工夫することである。出題者は、訳文の日本語としての見事さを期待しているわけではない。翻訳家としての適性をみようとしているわけでは、もちろんない。

ただし、日本語として意味がわからない、理屈が通らないというのでは困る。英語独特の表現に、変に引きずられてしまっているようでは、むしろ英語の理解が足りないのではないかと判断される。多少ぎこちなくとも、日本語の文章として、読んで理解できる水準に達している必要はある。

ここで浮かび上がってくるのが、翻訳を考えるうえでのもうひとつ重要な観点、等価性

（英語で equivalence ［ikwívələns］ という）の問題である。

「あお」は blue ではない

等価性とは、対応するもの、同等のものを、いかに考えるかということに関わる。英語のテキストで表現されていることを、日本語のテキストにおいていかに再現するか、ということである。これは、かなり難しい問題をふくんでいる。

英語の言葉と日本語の言葉には、対応するものと対応しないものがある。簡単な例を挙げよう。英語の oxygen ［ɑ́ksidʒən］ は「酸素」で、molecule ［mɑ́ləkjùːl］ は「分子」だが、lip は単に「くちびる」ではないし、hip は「おしり」ではない。lip や hip が指す身体の部位は、「くちびる」や「おしり」が指す身体の部位と、かなりずれる。男の lip、とくに upper lip にはヒゲが生える。lip(s) の意味は「くちびるをふくむ口のまわりの部分」とでも言うほかない。hip(s) はかなり「腰」に近い位置になる。腰の両側、くびれた部分より少し下のところから、「おしり」の上半分ぐらいまでのところを指す。ピンとこなかったら、辞書の図解でたしかめておいた方がよい。

よく注意されることだが、smile と laugh は明確に区別しなくてはならない。日本語では同じ「笑う」でも、smile は laugh とまったく意味を異にする。smile はにっこりと微笑むことであり、laugh は声を立てて笑うことである（ただし「目が笑っている」Her eyes are laughing. とは言える）。日本語の側から言えば、「うそ」をそのまま lie と訳すと、いろいろ不都合なことが起こる。日本語で軽い気持ちで言う「うそつき」は、けっして liar ではない。liar はかなり重い意味を持つ。相手を人格的・道徳的に否定することになりかねない。また、「あお」は単に blue ではない。青葉の季節に木々に繁る葉の色が blue だったら、ちょっと不気味である。「あお」は blue の意味にも green の意味にもなる。青信号 green light は「あお」信号で構わない。

identity に対応する日本語はない

抽象的な意味をあらわす名詞や、形容詞などについて、あるいは、英語と日本語とで大きく発想の根を異にする動詞表現などについて、英語と日本語の対応関係を考えるのは、さらに困難である。

すでに外来語として日本語に定着した観のある「アイデンティティー」という言葉がある。英語で identity とつづる。動詞は identify 〔aidéntəfài〕である。identification 〔aidèntəfikéiʃən〕という名詞もある。試みに、identity を『ジーニアス英和辞典』第四版で引いてみると、じつにたくさんの訳語が出てくる。

1. 本人であること、同一物であること、自己同一性、帰属意識、（自己の）存在証明、生きた［ている］証し、独自性、自己認識、身元、正体

2. 個性、独自性、固有性、主体性、（作家・芸術家などの）作風、芸風

3. ［……と］同一である［類似している］こと、一体性、［……との］同一性、一致点

4. 《豪略式》（ある地域で）よく知られている人、名士

5. 『数』恒等式、単位元

一方、*The New Oxford Dictionary of English* を引いてみると、以下のような説明になっている。

1. the fact of being who or what a person or thing is.

■ the characteristics determining who or what a person or thing is.

■［as modifier］(of an object) serving to establish who the holder, owner, or wearer is by bearing their name and often other details such as a signature or photograph.

2. a close similarity or affinity.

※3、4の数学用語は略

定義そのものは、あまり難しくない。一番目の語義は「ある人間が誰であり何者であるか、あるモノが何であるかという事実」であり、そこに「ある人間が誰であり何者であるか、あるモノが何であるかを決定する特徴」という一番目の注記と、「(あるモノを修飾する語として)名前の他に、しばしばサインや写真などの詳しい情報を加えて、持ち主(所持者、所有者、携行者)が誰なのか特定できるようにする」という二番目の注記が加えられている(“as modifier (of an object)”とあるのは、たとえばcardという名詞を修飾してidentity card 身分証明書といった表現を作る、ということである)。二番目の語義は「著しい類似または類縁性」である。おおまかに言ってidentityには「人や物の素性、特徴」という意味と、「類縁性」という意味のふたつがあることがわかる。

この*The New Oxford Dictionary of English*の記述と、『ジーニアス英和辞典』の記述をくらべてみると、『ジーニアス英和辞典』の挙げる「4」と「5」を、やや特殊な語義として無視してしまえば、*The New Oxford Dictionary of English*の「1」の語義が、『ジーニアス英和辞典』の「1」と「2」に、「2」の語義が「3」に相当していることがわかる。『ジーニアス英和辞典』の「1」の語義が「ある人間が誰であり何者であるか、あるモノが何であるかという事実」にあたり、「2」の語義が「ある人間が誰であり何者であるか、あるモノが何であるかを決定する特徴」にあたることになる。

ということは、「ある人間が誰であり何者であるか、あるモノが何であるかという事実」という、英語ではきわめて簡明な定義となる語義に対応するものとして、「本人であること、同一物であること、自己同一性、帰属意識、(自己の)存在証明、生きた「ている」証し、独自性、自己認識、身元、正体」という、じつに十種類もの訳語が与えられていることがわかる。異様と言えば異様だし、なぜこんなことになるのか、不思議と言えば不思議である。

それは、identityという英語の言葉のひとつの語義を、一語であらわしうる日本語の言葉が存在しないからである。identityという英語の言葉に、完全に対応する日本語の言葉が見つからないからである。ある組織や運動のために働くことに生き甲斐を感じ、自分の生きるべき場所はここだと思える人間のidentityは「帰属意識」であり「(自己の)存在証明」であり「生きている証し」であろう。身分を隠してローマの休日を愉しむ王女様のidentityは「身元」あるいは「正体」である。このふたつの例におけるidentityは、まさに「ある人間が誰であり何者であるか」にあたるが、これを一語で表現しうる日本語の言葉はない。文脈に応じて、さまざまに訳語を工夫するほかない。

語義の一部としての訳語

それでもまだ困ることがある。しばしば口にされるidentity crisis［aidéntəti kráisis］という言葉におけるidentityは「自分が自分であると確信がもてること、自分の存在意義」といった意味だが、これをうまく言いあてる日本語の言葉が存在しない。

『研究社新英和大辞典』第六版はidentity crisisについて、「青年期をはじめとする個人生活の激変期や社会環境の歴史的な変動に際して起きるアイデンティティーの動揺・喪失がもたらす心理的な危機」と説明する。さらに *Longman Dictionary of Contemporary English*（Fifth Edition）は、

identity crisis/crisis of identity（= a feeling of uncertainty about who you really are and what your purpose is)
アイデンティティーの危機（＝自分がほんとうは誰なのか、そして自分の目的は何なのかについて確信がもてない感覚）

という説明のあと、つぎのような例文を挙げる。

My father experienced an identity crisis in middle age.
父は中年になってアイデンティティーの危機をむかえた。

ここに用いられるidentityにぴったりとあてはまる日本語の言葉は、残念ながら存在しない。『ジーニアス英和辞典』が挙げる「自己同一性」という造語が用いられることもあったが、結局、日本語として定着しなかった。現在は「アイデンティティー」というカタカナ表記で使用することが多い。identityという言葉のひとつの語義について、その意味をうまく表現できる日本語の言葉がないのである。

英和辞典が挙げる多くの日本語の訳語は、identityという英語のひとつの語義の、ほんの一部分を捉えたものにすぎない。球面をなす物体に、いくつもの方向から光をあて、見えている部分を、それぞれ別個に言いあらわしたようなものである。「自己同一性」という言葉でも、「存在証明」という言葉でも、「自己認識」という言葉でも、「身元」という言葉でも、identityという言葉があらわす、たったひとつの語義の全体像を捉えることはできない。

辞書の訳語は翻訳にすぎない

このことは、当面、ふたつのことを教えてくれるであろう。ひとつは、英語の単語には、たとえ語義の区別を立てたにしても、日本語として完全に対応する訳語は、必ずしも存在しないということ。第二は、英和辞典に記載されている訳語じたいが「翻訳」であるということ。それは、語の定義を示したというより、仮に日本語に翻訳したものにすぎないということである。

訳読の授業をおこなっていると、しばしば英和辞典の訳語をムリにもそのまま使おうとする場面に出会うことがある。高校生の段階なら、その方がかえって安全かもしれないが、やがては英和辞典というものの性格を認識して、辞書の訳語が（単なる）翻訳にすぎないということに、思いをいたすことが必要になる。英語力がついたら英英辞典を引きなさいとしばしば言われるのは、英語の言葉の元々の意味を確かめておいた方がよいからである。一旦その点に気づいてしまうと、英語で定義の示してある辞書を引かなければ、少し不安になったりすることもある。

実際、『ジーニアス英和辞典』第三版の identity の一番目の項目には、第四版にある

「帰属意識」や「自己認識」という訳語は存在しない。それは identity という英語の言葉の意味が変わったということではなく、identity の一番目の語義は、「帰属意識」とも「自己認識」とも翻訳できるという点に辞書の執筆者が気づき、改版にあたって新たな訳語を書き加えたというにすぎない。言葉の原義、語義さえきちんとおさえていれば、訳語はいろいろに工夫できるのである。

どの訳語を選択するか

以上のことを、はじめに示した図式で整理してみよう。identity という英語の言葉と、日本語の言葉の完全な対応関係を考えるのは、そもそも困難なことなのである。

英語の言葉――――――日本語の言葉
identity　「アイデンティティー」「自己同一性」「帰属意識」
（1の語義）「存在証明」「独自性」「自己認識」「身元」「正体」……

そこで重要になるのが、「翻訳先・終点」である日本語のテキスト（訳文）のなかで、どの訳語を選択するかという問題である。それには、「翻訳元・起点」である英語のテキストにおいて、identityという語がいかなる文脈にあらわれていたかを見極めることが重要になる。ある組織のなかで感じられる生き甲斐としてのidentityが「正体」ではおかしいし、身分を隠した王女様のidentityが「帰属意識」でもおかしい。前者は「帰属意識」や「自己認識」であり、後者は「身元」や「正体」である。同じ語義をあらわす訳語のうちから、適切なものを選択できる力は、テキストそのものの意味を理解するうえで、きわめて重要である。そのためには、英語のテキストの意味を、その文脈とともにきちんと把握しておく必要がある。

英語の言葉	日本語の言葉
［物語の文脈］	［物語の文脈］
ローマの休日を愉しむ某国の女性のidentity	王女様という「正体」

ちなみに、抽象名詞について言えば、現在、日本語として定着している言葉のなかには、英語の言葉を何とか日本語に翻訳しようと工夫されたものがかなりある。「権利」や「社会」は、明治期にrightやsocietyの訳語として新しい意味を付与された日本語である。具体的な経緯は、柳父《やなぶ》章《あきら》氏の一連の研究（『翻訳語成立事情』等）に詳しいが、それは

「翻訳元・起点」である英語の言葉に対応するものを、「翻訳先・終点」である日本語で、いかに言いあらわすかについて、先人たちが辿った苦闘の跡である。

「こころ」の訳語

同じことを、日本語の側から考えてみよう。試みに、日本語の「こころ」という言葉を『研究社新和英大辞典』第五版で引いてみる。すると、面白いことに気づく。はじめに記載されるべき、英語の訳語がないのである。他の項目、たとえば「つくえ」に対しては"a desk"といった訳語が最初に示されるのだが、「こころ」にはこれがない。「こころ」の項目は、おおまかな意味の区分を「1精神的特質・心性」「2精神活動の場・記憶」「3精神活動の主体」「4感情・気分・考え・意欲・配慮・関心」「5意志・意向」「6なぞ解きの根拠」であると示したうえで、あとは、ひたすら例を挙げてゆこうとする。たとえば、「1精神的特質・心性」のはじめの例に挙げられる「人間のこころ」の訳は、つぎのようなものである。

the human heart; human psychology; a mentality; the psyche; the mind; the emotions; a person's feelings [emotions]; the way people feel; 《文》 the mind [heart, mentality〕 of man

日本語をあまりよく知らない英語話者が、これらの表現を目にしたら、おそらく途方に暮れてしまうことだろう。mind は主に思考や判断に関わるが、heart や emotion や feeling は感情や情動に関わる。ほとんど対義語といってもよい。すべて「こころ」と訳せる、これらの言葉の意味を、念のため『小学館プログレッシブ英和中辞典』第四版の挙げる訳語のごく一部で示せば、つぎのようになる（「／」は前後で語義が異なることを示す）。

heart　心、胸の内、心情／愛情、情愛、情／気力、熱意
psychology　心理（状態）、心の働き
mentality　知能、知性／心的傾向、物の見方
psyche　精神、心、魂　＊発音は［sáiki］
mind　心、精神／理性／知性、頭脳／考え［感じ］方、意見／記憶／注意
emotion　感情／情緒、気持ち／感動
feeling　感じ／感想／感覚／（理性に対して）感情／感受性／思いやり／情

これほど意味の隔たりが大きく、用法も異なる言葉が、なぜ一括りになるのか。だが、それぞれの英語の言葉は、たしかに「こころ」という日本語の言葉が持つ意味の一部分を、言いあらわしている。「こころ」は mind であり、heart であり、emotion でもある。「日本人のこころ」と言いたいなら、『新和英大辞典』が挙げるように、“the Japanese psyche［mentality］; Japanese people's way of thinking; Japanese feelings［sentiment(s)］”といった表現になる。ここに挙げた三つの英語の表現は、それぞれニュアンスを異にする（people's way of thinking は「人びとの考え方」、sentiment は「感情、情緒、情感」である）が、いずれも「日本人のこころ」という日本語の表現に見合ったものだと納得できる。

日本語の「こころ」という言葉に、（一語のみで）完全に対応する英語の言葉は存在しない。「こころからお詫びします」といった表現にふくまれる「こころから」という慣用表現を、「こころ」にあたる英語の名詞を使って表現するのも難しい。『新和英大辞典』は、これを、

I sincerely apologize.
I am truly sorry.
Please accept my deepest ［most sincere］ apologies.

と訳している。ここには、mind も heart も emotion も feeling もあらわれない。

夏目漱石の小説『こゝろ』の英訳の題名は、日本語そのままの *Kokoro* である（trans. Edwin McClellan / Meredith Mckinney）。「こころ」は mind でも heart でも emotion でも feeling でもなく、同時にそのいずれでもある。

「よろしく」という融通無碍

ついでに言えば、日常生活においてとても便利な日本語の表現「よろしく」を、そのまま英語に直すことはできない。「よろしく」という表現は、おおまかにいって「よろしくお願いします」という場合と、「よろしくお伝えください」という場合に分けられるだろう。前者についてなら、誰に何をお願いするのか、後者の場合は、誰にどのようなことを伝えるのかを、はっきりさせなければ、英語には訳しようがない。「お願いする」のであれば、どのような状況において、誰がどういう立場で、誰に対し、具体的に何を、どのように依頼したいのか明確になったうえでなければ、対応する英語の表現を考えることは難しい。

日本語の「よろしく」は、じつは、そのような具体的内容など考えずに済む、まことに融通無碍《むげ》な表現である。「お願いする」場合と「伝える」場合に区別するなどという面倒な手続きはふまずに、細かなことは何も気にせずに使えるからこそ、便利なのである。そもそも「よろしく」には、願望にも伝達にも分類できない、もっと広い意味の広がりとニュアンスがある。その広がりじたいを英語で表現することは、そもそも不可能である。

『新和英大辞典』が挙げるつぎのような例文には、日本人なら誰しも首をかしげたくなるだろう。

今後ともどうぞよろしく。
I hope to see you again.
(またお会いできればと思います)

商品の発送は明日になりますがよろしいでしょうか。
The goods will be delivered tomorrow. Is that all right?

はい、よろしくお願いします。
Yes, that's fine.
(はい、それで結構です)

これらの例文では、いずれも「よろしく」が訳されていない、「またお会いできれば」も「それで結構です」も「よろしく」ではないと(日本人なら)感じるのは当然である。だが、これらは辞書の編纂者の怠慢によるものではない。ほかに言いようがないし、これ以上付け加えると、英語としてかえって不自然な表現になりかねないからである。ここでは「よろしく」は断念しておかなくてはならない。

日本語の「よろしく」を英語でどう言うか、という質問は何度も受ける。そのままでは言えません、と答えてもなかなか納得してもらえない。これは日本語の「こころ」をどう訳すか、ということと共通する問題をふくむ。

perspectiveにつづく前置詞

英語と日本語のあいだで、対応するもの、同等のものを考えようとする際、留意すべき重要なこととして、連語の問題もある。連語、あるいは連語関係とは、英語でcollocation

［kàləkéiʃən］と呼ばれるもので、ある名詞はどんな動詞と結びつくか、ある名詞を修飾するにはどんな形容詞がよいのか、用いられる前置詞は何か、といったことに関わる。たとえば、perspective［pərspéktiv］という名詞に用いられる前置詞の例としては、つぎのようなものがある。

viewed **from** the *perspective* **of** long-range diplomatic policy
長期の外交政策という見方からながめると、

He gave me a new ***perspective*** **on the situation.**
その状況に対する新しい見方を私に教えてくれた。

（『研究社新編英和活用大辞典』。訳も同書による）

ふたつの例をくらべてみると、perspectiveのあとにつづく前置詞がofかonかで意味が異なることがわかる。「……に対する見方」という時に用いられるのは**on**という前置詞である。

こうした前置詞については、日本の英語学習者の意識は比較的高い。教室の授業でも、前置詞の問題はかなりやかましく言うのではないかと思う。それに対して、動詞や形容詞、あるいは副詞については、かなり無頓着な傾向が見られる。これは、英語を書くとき、話すときの問題にとどまらない。英語のテキストを日本語に訳す際にも、意識しておくべきことである。

連語関係の感覚

たとえば complaint［kəmpléint］という名詞がある。「不平、不満、苦情」という意味で、そこから「不平、不満、苦情を訴えること」、さらには法律用語として「申し立て、告訴」という意味も生じる。では、この complaint と結びつく動詞はなんだろうか。「不平を言う」、「不満を漏らす」、「苦情を述べる」と言うには、どういう動詞を使うことになるのだろうか。連語関係について確認するのに手頃な *Oxford Collocations Dictionary for Students of English*（First Edition）はつぎのような動詞を挙げている。

bring, file, lodge, make, register, voice

これは complaint と結びつく動詞を、単にアルファベット順に並べたにすぎない。このなかで file［fáil］、lodge［ládʒ］、register［rédʒistər］などは、すこし堅い言い方で「申し立てをおこなう」「訴える」に近いが、**make**は「不平を言う」場合にも「申し立てをおこなう」場合にも使える。**voice**は「声に出す、言葉にする」という意味から「(意見や気持ちを）表明する」という意味になる。**bring**は、面白いことに「(苦情を）持ち込む」という日本語の表現に似ているが、「〈訴訟など〉を〔人に対して〕提起する、起こす」（『ジーニアス英和辞典』）という意味がある。いずれの動詞も**complaint**と結びつく。訳は文脈によって「不満を漏らす」「不満を表明する」「苦情を述べる」「申し立てをする」「訴える」などとなる。*Oxford Collocations Dictionary*は、以下の例を挙げている。

He brought a complaint against his former manager.
彼は前の上司に対する苦情の申し立てをおこなった。

こうした連語関係に関する感覚を持たないと、たとえば**"register a complaint"**という表現に「不平を登録する」といった変な日本語をあててしまいかねない。**register**を英和辞典で引くと「登録する」という最初の語義のあと三番目に、「〈人などが〉〈不平・意見など〉を（正式に）述べる」（『ジーニアス英和辞典』）という語義が明記されているが、**register**の語義に注意すると同時に、**complaint**という名詞にはどのような動詞が結びつきうるのか、という連語関係の感覚を養うことも重要である。そうした感覚が身につけば、complaintに結びつくfileやlodgeやregisterは、「申し立てをおこなう」という方向で、ほぼ同じ意味にとってよいことがわかってくる。訳は、文脈によっては「訴状を提出する」となることもわかるようになる。

bitter complaintは苦い不満ではない

形容詞にも注意が必要である。complaintを例にとれば、この名詞はbitterという形容詞で修飾することができる。たとえば"make a bitter complaint"という表現が可能である。これを「苦い不満を作る」と訳すのはおかしい。あやまりだ、と言ってもよい。日本語にするなら「強い不満を漏らす」でよい。bitterには程度の激しさをあらわす意味があり、ほかにもanswer（返答）やcriticism［krítəsìzm］（批評）やirony［áiərəni］（皮肉）などといった名詞と結びつく。そのような表現については、連語関係を意識したうえで、訳は文脈にそった自然なものを選べばよい。bitter answerは「辛辣な（手きびしい）返答」になるし、bitter criticismは「手きびしい（辛辣な）批評」あるいは「酷評」になるし、bitter ironyは「痛烈な皮肉」ということになる。

こうした連語関係についても、「翻訳元・起点」と「翻訳先・終点」のあいだの対応を考えることが必要である。英語と同じように、日本語にも連語関係が存在する。たとえば、不平や不満については「漏らす」という独特の言い方をする。「(程度が)激しい」という意味のbitterが「辛辣な」になったり、「手きびしい」になったり、「痛烈な」になったりするのは、「返答」や「批評」や「皮肉」といった、それぞれの(日本語の)名詞を修飾するにあたって、ふさわしい言葉があるからである。それぞれの言葉について、結びつく言葉は、おのずから決まってくる。

英語や日本語に固有の連語関係に意識的になるなら、英語の連語関係において用いられる動詞表現や形容詞を、そのまま直訳する必要はないということがわかってくる。"make a bitter complaint"は「強い不満を漏らす」という、日本語の連語関係に忠実な表現でかまわないし、その方が自然である。complaintという名詞との連語関係が意識できれば、makeやbitterという単語それぞれの訳語にとくに頭を悩ます必要はない(ただしbitterに程度の激しさをあらわす意味があることは確かめておいた方がよい)。逆に言えば、complaintという名詞を使って「強い不満を漏らす」という表現を英語にしたいと思った時、「漏らす」を英語でどう言えばよいか、などと考えるべきではない。complaintという単語が使えると思ったら、まずはcomplaintを辞書で引いて、どのような動詞と結びつくのかを確認すべきである。

※連語関係の辞書としては、『新編英和活用大辞典』、*Oxford Collocations Dictionary* のほかに、*Macmillan Collocations Dictionary for Learners of English* や *The BBI Dictionary of English Word Combinations* 等がある。

以上の点をふまえるなら、たとえば「彼女は寮で出される食事に強い不満を漏らした」という意味に対応する、

She made a bitter complaint about the food provided in the dormitory.

という英語の表現が確認できる。

ちなみに「不平、不満を漏らす」という日本語は、さまざまな英語に直すことが可能である。単に "She was not satisfied with what he said." (彼女は、彼の言葉に満足しなかった) といった言い方でもよいだろう。仮に complaint という単語を思い浮かべたなら、その動詞形が complain であることを思いだし (あるいは complaint を辞書で引いて、すぐ上に complain という動詞があることを見つけて)、動詞のかたちで表現することを考えてみてもよい。たとえば『小学館プログレッシブ英和中辞典』の complain の項目には、

She complained (bitterly) of not having enough to do.
［= She complained (bitterly) (to me) that she did not have enough to do.］
彼女はすることがあまりないと（私に）（ひどく）こぼした。

という例文が挙げてある。英語の文に見られるbitterlyや、日本語訳に見られる「こぼす」が、日本語と英語において、それぞれどのような表現に対応するのかは、もはや言うまでもない。

このことを英語のテキスト（翻訳元・起点）と日本語のテキスト（翻訳先・終点）のあいだの対応として、あらためて図示すれば、

英語のテキスト	――――	日本語のテキスト
［英語の連語関係］		［日本語の連語関係］
"make a bitter complaint"		「強い不満を漏らす」

ということになる。

等価性の意識

教室で教えていると、この連語関係についての意識の低さが気になる。ある名詞に連語関係で結びついているにすぎない動詞や形容詞を、もとの意味（往々にして英和辞典が記載する最初の語義・訳語）のままに訳すような場面には、数限りなく出会う。日本語表現のぎこちなさには、目をつぶることが多いが、英語と日本語のあいだの対応、あるいは等価性の問題には、いつか意識的になってほしいと思う。翻訳では、もちろん日本語としての自然さが尊ばれるが、訳読においても、等価性の問題を意識するようになれば、訳はしだいに日本語として自然なものになってゆくはずである。

等価性の問題に関して、最後に比較的単純な例を挙げておこう。英語の間投詞（話し手の感動をあらわす言葉）には不思議な表現がある。たとえば、

Oh my! [My oh my!]

だとか

Boy!

といった表現である。これをmy（私の……）やboy（少年）のもっとも一般的な意味で考えてしまってはおかしいし、そう考えることは英語そのものの理解が不足していることを示す（"Oh my!"は"Oh my God!"のGodの名をはばかった言い方である）。これらはいずれも文脈に応じて「あら、まあ」だとか「おやおや」だとか「やれやれ」などと訳せばよいし、そのような意味を持つ表現である。こうした表現を正しく理解する力を支えるのが、等価性に関する意識である。さらに言えば、さきに英語の文化と日本語の文化の対応の問題として取りあげた手紙文の例も、両者の文化的文脈に関わる等価性の問題なのである。

英語のテキストと日本語のテキストのあいだ

翻訳と訳読の話に戻ろう。

翻訳においては、目的によってさまざまな態度がありうるし、目的のちがいによって方法も異なる。娯楽小説の場合などは、まずは日本語としての読みやすさを優先すべきだろう。映画の字幕の例は、すでに述べた。一方、古典のテキストの翻訳などは、「注解」としての役割が期待されるために、日本語としての読みやすさを多少犠牲にして、原典の表現を「志向し優先する」場合がある。何のために翻訳するのか、まずはその目的を明確に意識することが重要になる。

　訳読の目的は、英語のテキストが語学的に正確に理解できているかどうかを確かめることにある。構文の把握、語義の選択等に誤りがないか、テキスト全体の文意がとれているかどうかを見ることにある。したがって、訳読にあたっては、当然、英語のテキストを志向し優先することになる。ただし、訳読の過程において、英語（翻訳元・起点）と日本語（翻訳先・終点）のあいだの対応を考えることを、忘れてはならない。英語と日本語において対応するもの、同等のものを見つけだす力は、じつは英語のテキストの理解力とも関わっている。

　英語のテキストと日本語のテキストのあいだの対応を、みずから考え、工夫してゆくことは、英語という言葉についての認識を深めることにもつながる。英語と日本語のあいだを往復するなかで、日本語の表現に対応する英語表現が見いだされてゆく。同時に、英語と日本語のあいだで対応関係の見いだしにくいものが、げんに存在することを意識するようになる。それは、英語という言葉の問題にとどまらない、英語をとりまく文化の領域に目を開くことにつながるであろう。

　訳読は、あくまでも英語学習の手段にすぎない。だが、手段をおろそかにすれば、目的の達成も困難になりかねない。

第六章　英語学習とコミュニケーション能力

外国語学習の出発点としての日本語

前章では、翻訳における等価性の問題を取りあげた。英語と日本語のあいだで、対応するもの、見合うものを考えようとする意識のことである。日本語を母語とする人間は、外国語としての英語を学ぶにあたって、まずはこの意識を養うことが必要となる。英語を日本語に直すという作業は、そうした意識を研ぎ澄ますためにも、きわめて有効な手続きである。

英語と日本語のあいだに、対応するもの、見合うものを意識することは、日本において日本語で社会生活をいとなみながら、外国語としての英語を学ぶことの意味を考えるうえでも重要である。学びとった英語を通じてコミュニケーションを図ろうとする際、一度は考えておくべきことである。

日本の社会で生きてゆくには、日本語によるコミュニケーションが、まずは重要になる。日本の社会が、社会生活を維持してゆく言語として、日本語を棄て、英語を選びとるのでないかぎり、この原則は変わらない。日本語を母語とする人間は、日本語で生活し、日本語を通じて、まずは社会とつながることになる。現在は、ふたつ以上の言語環境で成長する子どもたちも少なくないが、ここでは、母語として日本語の言語能力を獲得した人間が、英語を学ぶ状況に限定して考えることにする。

日本語で生活する、ということにはさまざまな面がある。家族や友人との会話を日本語でおこなう。さまざまな知識や技能を日本語によって獲得する。日本語を通じて新たな知識や技能を築きあげ、それをほかの人びとと分かちあう。日本語で仕事をこなす。日本語で組織を維持する。日本語で気持ちを伝え、日本語で相手の気持ちを推しはかる。日本語で悩む。日本語で喜ぶ。日本語で思考し、日本語で判断する。日本語を母語とするなら、日本語の力を豊かにすることが、人生を豊かにすることにつながる。

日本語を母語とする人間が、ある外国語、たとえば英語を学ぶ際、出発点となるのは、あくまで母語としての日本語である。日本語で感じ、日本語で思考し、日本語で判断する、日本語の言語感覚が土台となる。とくに抽象的な思考は、よほどの訓練を経たのちでないと、日本語でしかおこなうことはできない。

日本語と英語の変換

感情生活や、知的生活が、日本語でいとなまれている以上、外国語である英語によって自己の感情や知識や意志を伝達するには、一旦は日本語から英語へ変換する過程を経なくてはならない。みずからの感情や知識や意志を日本語から英語に翻訳する、といってもよい。英語の学習を重ねてゆくと、やがて英語で感じ、英語で思考することができるようになる。だが、出発点として、日本語から英語への変換があるということを、忘れることはできない。

もちろん、こちらの感情や知識や意志を伝えるだけではない。英語で表現される感情や知識や意志を受けとる際にも、英語から日本語への変換がなされる。母語と外国語という関係のなかで、日本語と英語の変換は双方向である。

日本語から英語への変換、あるいは英語から日本語への変換は、外国語としての英語学習が進むと、自動化され、あまり意識されないようになる。さらに、この状態が進むと、日本語による言語生活と、英語による言語生活が両立するようになるかもしれない。いわゆるバイリンガリズム（二言語使用の能力）の獲得である。ただし、日本語を母語として成長し、日本語で感情生活と知的生活をいとなんできた多くの人間にとって、これは容易なことではない。すくなくとも、学校教育の枠組みのなかでバイリンガリズムを実現することとは、ほぼ不可能と言ってよい。できることは、英語と日本語のあいだで変換されうる範囲を、できるだけ大きくしてゆくことである。

学校教育の知恵

日本の学校教育は、この変換の訓練にかなり真面目に取り組んできた。まずは英語のテキストを読み、日本語で理解しようと努めることに力を注いできた。日本語にはない発想、英語独特の言い回しに対処するため、英語から日本語への変換式のようなものを工夫してきた。いわゆる英文解釈の公式がそれにあたる。ひとつひとつの構文にいちいち頭を悩ますことのないよう、このかたちはこう訳せばよい、この言い回しはこう考えればよいと教えてきた。そうした対処がうまく機能するよう、多くの年月を積み重ね、さまざまな知恵を蓄積させてきた。テキストを読むということで言えば、英語から日本語への変換式は、洗練の域に達している。これを体得すれば、かなり高度な読解力を身につけることができる。

日本語を英語に直す英作文もおこなわれた。日本語から英語への変換である。ただし、なかば以上は文法事項を確認し、文法知識を定着させるための訓練であったかもしれない。日本語とは根本的に異なる英語の文を理解し、みずから作りだすことができるようになるのは、たやすいことではない。英語の文を書いてみることで、文法の理解は深まる。読む際にはあまり気にならない、冠詞や前置詞の問題が、にわかに浮かびあがる。日本語の発想とかけ離れた動詞表現の特異さに気づく。時制の複雑さに目が向く。

日本語の文章を英語に直す和文英訳は、時に日本語独特の発想や表現を、無理に英語に直そうとし、結果として不自然な英語を生みだすことがある。これは、日本語と英語のあいだの等価性の問題が、きちんと理解されないためである。近年は、これを嫌って自由に英語を書かせることがふえたが、日本語の文を英語の文に置き換える経験は、じゅうぶんにあってよい。英語の文を書くにあたって、どれほど発想の転換が必要になるか、文法の知識がどれほど有益か、実感することになるからである。等価性の問題を意識するためにも有効である。

英語と日本語とのあいだの変換能力を獲得するには、たとえばドイツ語の母語話者が英語とのあいだの変換能力を獲得するのにくらべ、数(十？)倍の努力を要する。文法構造についても、発想についても、英語と日本語のあいだにはかなりの開きがある。うまく変換が可能になるには、かなりの訓練が必要である。厖大な時間を費やさなくてはならない。日本の学校教育は、ごくかぎられた時間のなかで、この英語と日本語のあいだの変換の方法を、地道に教えようとしてきたのである。

コミュニケーションを志向する授業

ところが、こうした学校教育では、いつになっても「使える」英語が身につかないという批判が高まる。いわゆる会話ができない、口頭でのコミュニケーション能力が身につかないという、苦情にも近い意見が支持を得る。そうした声に応えようと、学校英語のカリキュラムも近年大きく変化した。いわゆる「コミュニケーション」を志向する授業がふえた。

まずは音声の重視である。英語を聞く力を伸ばそうとする。話すことが求められる。日常的な会話表現の学習に力が注がれる。英作文をおこなうにしても、ある特定の場面でそのまま使えそうな表現が取りあげられる。

そのことじたい、けっして悪いことではない。

いわゆる英語の四技能「読む」「聞く」「書く」「話す」は、バランスよく身につけることが望ましい。旧来の学校教育がともすれば「読む」こと、あるいは「書く」ことに重きをおいてきたとするなら、「聞く」こと、「話す」ことを見直そうとする姿勢に、とくに問題があるわけではない。おおいに聞くべきだし、おおいに話すべきである。さいわいにして、英語を聞き、話す環境は、日本国内においてもしだいに整えられつつある。

ただし、日本語の環境に長く身をおいた人間には、根本のところで、英語と日本語のあいだの変換がおこなわれることを忘れることはできない。英語と日本語という、文法構造も発想法も大きく異なる言語、溝と言ってもいいほどのちがいに隔てられた言語どうしの、変換の問題が残るのである。日本人英語学習者の多くは、この溝につまずく。両者のあいだの変換を、かぎりなく困難なものに思う。乗り越えがたい壁のようにも感じる。

ではいっそのこと、変換を省略してしまったら、という発想が生まれてもおかしくはない。変換が困難なら、あるいはおそろしく非効率なら、英語と日本語のあいだの変換の問題は迂回してしまおう、棚上げしてしまおうという発想である。

母語との変換を意識しない口頭表現

英語と日本語のあいだの変換を意識せずに、英語でのコミュニケーション能力、ことに話す能力を身につけることは、ある程度までは可能である。日常的な会話のレベルなら、じゅうぶん通用するようになるだろう。英語の世界で流通している表現を、ともかくも覚えてしまえばよいからである。目にした表現、耳にした表現を、そのまま真似てしまえば済む。

別れ際に口にする会話表現には、英語独特の言い方がある。たとえば、

See you (later).

だとか、

Take care.

といった言い方である。これらについて、いちいちその意味を考えてみても仕方がない。"See you (later)."と言われ、今度はいつ会うことになるのだろう、と考え込む必要はない。"Take care."と言われ、さて何に気を配ればいいのだろうと思い煩う必要もない。はじめは少し戸惑うことがあっても、慣れてしまえば気にならない。さよならを言うときは、そのようなことを口にすればよいのだな、と思うようになる。そもそも「さようなら」という日本語の本来の意味を意識する日本人はほとんどいない、日常の会話は、それでじゅうぶん廻ってゆく。

口頭でのコミュニケーションのかなりの部分は、母語との変換を意識しなくとも成立する。英語で交わされるやりとりの型を、そのまま踏襲して済むことが多いからである。英語の口頭表現で頻繁に用いられるものを、できるだけたくさん覚え、使いこなす訓練をすればよい。

ただし、そうした訓練を、学校教育、ことに高等学校までの教育の枠に収めようとするなら、達成しうるレベルは、残念ながらそれほど高くはない。学校の教室で、日本人学習者同士が、週に数時間の練習をおこなうだけなら、あくまでも日常的な挨拶か、型の決まった応答のレベルにとどまるだろう。それ以上の運用能力を望むなら、さらに厖大な時間をかけてさまざまな技能を習得しなくてはならない。英語を聞き取るのに、まずは苦労する。発音の自己矯正も容易ではない。真似る、覚えると一口に言っても、かなりの反復練習と、実地に使いこなす機会が求められる。それではというので、英語圏へ出かけていっても、（まわりの環境になじめず）部屋に引きこもっていては、上達の道は開けない。

日本語で言えることが英語で言えない

だがそれとは別に、日本人英語学習者が、英語と日本語のあいだの変換を迂回し、棚上げしてしまうことが、何をもたらすかを考えておく必要がある。

文法が少し身について、基本的な英文を書いたり、話したりできるようになると、日本語で言いあらわされることが、英語の文に変換される際、中身やニュアンスを微妙に変えてしまうことに、いらだちを覚える時がある。日本語で言えることが、英語では言えない、ということを経験したりする。「どうぞよろしく」という、何でもない日本語の表現が、なぜそのまま英語で言えないのか、なぜ自動変換できないのか、いぶかしく思ったりする。自分自身が日本語で感じ、考えることが、真似て覚えた英語の表現では、必ずしも言いあらわされないことに戸惑いを覚えたりする。

　そうしたいらだちや戸惑いを不問に付して、日本語と英語のあいだの変換を迂回しつづけるなら、日本語を母語とする人間の、日本語による感情生活や知的生活は、英語の世界との接点を持たずにおわる。そうした状態がつづけば、母語としての日本語で感じ、考え、判断していることは、自分が英語で表現していることとズレている、ちがうという感覚が、少しずつ蓄積してゆくことになる。自分が口にしている英語は、じつは自分の言いたいことではない、相手の言語表現に順応しているにすぎない、という疎外感に苛《さいな》まれるかもしれない。学んだ英語は、自分自身の言語感覚に根を下ろしていない。水の上に浮かんだ、油の皮膜のようなものだ、と感じられるかもしれない。

　自分自身の表現の問題だけではない。日本語の文章と英訳を読みくらべ、日本語の細やかなニュアンスが、無視に等しい扱いを受けているのを知り、腹立たしく思ったりすることもある。日本語で書かれた小説の英訳を読めば、はじめは驚き、呆れ、怒りさえ覚えることだろう。日本語のテキストにあるのは、こんな表現ではない。こんなおおざっぱな訳し方では困る、といった反応である。やがて、日本人の「こころ」はとうてい英語では表現できない、などといった、偏狭な思いに閉じこもったりする。

「世界共通語」としての英語を学ばなくてはならないという焦燥感がある一方で、こうした思いがしだいに膨らんでゆくなら、危険な心理的抑圧が高まってゆくことも予想される。そうなれば、コミュニケーションどころではない。コミュニケーション不全ではなく、コミュニケーション拒否である。

英語と日本語の接点

日本人英語学習者は、英語と日本語の接点をしっかりと見定めておくべきである。英語の世界と日本語の世界は、どこで接点を持ち、どこで接点を持たないか、あるいは持ちにくいのか。英語と日本語の接点を、ふたつの言語の性質から、ある程度一般化して捉えることが必要である。また、自分自身の言語運用能力の問題として捉えることが必要である。

一意専心、みずからを励ましつつ、英語に取り組んだ人びとのなかには、母語話者にひけをとらない、優れた英語運用能力を身につける例がある。だが多くの場合、知的に自分とほぼ同じ水準にあると思われる母語話者と、同じレベルの英語運用能力を身につける(身につけたと信じるにいたる)ことはかなり難しい。自分が日本語で思考するレベルと、英語で思考し、表現できるレベルとのあいだに、絶望的な落差があることを意識する。その差がどれほどのものなのか、自分自身でつねに計測しておくことも、英語と日本語の接点を見定めるうえでは重要である。

自分自身の思考能力に砥石をかける

接点を見きわめるには、英語と日本語のあいだの変換を、実際に経験しておくことである。まずは、英語を日本語に訳してみること。自分で英語を書いてみること。

訳読という作業は、英語のテキストを日本語に訳すにあたって、英語で表現されることと、日本語で表現しうることのあいだに、対応するもの、見合うもの、等価なものを探りあてることである。同時に、対応しにくいもの、見合わないもの、等価ではないものを、意識することである。文法構造も発想法も、およそ異質なふたつの言語のあいだで、どのような表現が共有されうるかを考え抜くことである。それは、英語と日本語というふたつの言語のあいだに、自分自身で橋を架け、自分自身で接点を見いだすことにつながる。自分自身で訳してみることで、母語としての日本語と、外国語としての英語のあいだの、どこに接点が見つかり、どこに見いだしにくいかを、探りだすことができる。母語の運用能力の範囲内で、英語とのあいだに持ちうる接点を見きわめることができる。訳読という作業は、英語と日本語とのあいだの変換がどのようにおこなわれうるのかを、一人一人の英語学習者が体験する貴重な場を提供してくれる。

ただし、英語を日本語に移し替える作業が、きれいごとですまないこともたしかである。初学者にとって英語のテキストは、はじめは判じ物のようなものである。日本人英語学習者に、英語のテキストを英語のままに理解する力が、はじめから備わっているなどということはありえない。

とにかく日本語に訳してみなくては納得できない。しかもなかなか日本語にならない。訳すとおかしな日本語になる。意味の不明なところがいくらでも出てくる。どうしても訳せないところがある。仕方がないから、辞書を引いては何度も読み返す。そんな地道な作業をつづけた末、どうもしっくりとこない、日本語の感覚では腑に落ちないことが残る。あせる。いらだつ。あきらめかける。

それは、自分自身の思考能力に砥石をかけるような経験である。母語としての日本語の論理、発想とはかけ離れた、思いもかけないものとの出会いであり、衝突である。日本語の論理や発想とはおよそ異なる英語の論理や発想、そして想像もしなかった思考回路との出会い。英語を日本語に訳してみること、訳読をするという作業は、自分自身に対して思考訓練を施すことである。

教室での訳読は、そうした思考訓練がどのようなものであり、どのようなものであるべきかを、体験する場を提供する。読むべき量は、教室のなかだけではとうていまかないきれない。何に注意し、どのような手続きをとればよいのか。教えることができるのは、そこまでである。

等価とは言いがたいもの

そもそも日本の学校という、日本語を母語とする英語学習者がほとんどを占め、しかも教える側も日本語が母語だという場において、妙に禁欲的になる必要はない。基本的な文法事項を無理に英語で説明しようとして、生徒たちにしっかりした理解が得られるとは思えない。まだ基礎の固まらない文法の知識が、うまく定着するとは思えない。定型化された英語の表現を覚えるにしても、それが日本語でどんな意味になるのかは知っておく必要がある。

訳読をつづけていると、英語独特の思考法、表現方法を、日本語に移し替えることの難しさを深く自覚する。日本語に訳せることと、どうしても訳せない、訳しにくいことが、やがて経験的にわかってくる。それは、訳すことを断念せざるをえない場合もあるのだということを、身を以て知る機会でもある。対応するもの、見合うもの、等価なものが見いだされる一方で、必ずしもそうではないものがあることを、深いあきらめのなかで認識することである。

英語の言葉のあるひとつの語義を、ひとつの日本語の言葉で言いあらわすことができないことがある。英語独特の表現を、そのまま日本語の表現に移すことができないことがある。英語であれば当然の構文が、日本語の文の作りとは、根本的に相容れないことがある。英語で表現できるものと、日本語で表現できるものは、必ずしも同じではないことに気づかされることがある。

さらに言えば、英語でならあたりまえに用いる言い方が、日本語の発想、日本の文化の文脈となじまないと感じることがある。英語では、なぜあんな断言の仕方をするのか。なぜ"I am confident ..."などと（たいした自信があるわけでもないのに）臆面もなく言えるのか。反対に、こちらがへりくだったつもりで、うっかり"I am sorry ..."などと言うと、なぜつけこまれてしまうことになるのか。

英語と日本語のあいだにあって、対応しにくいもの、見合わないもの、等価とは言いがたいものが数知れずあるということを、実際の変換の場で体験しておくのは、とても大切なことである。訳読において、実際に英語のテキストと向き合っていると、母語としての日本語の感覚では理解しにくい、日本の文化にはなじまないと感じることに、いくらでも出会う。そうした違和感を大切にし、母語としての日本語と、自分が身をおいている日本の文化との対応に意識を向けることで、英語と日本語の接点を探りあてる、貴重な機会が得られる。もちろん、接点を探りあてることは、接しない部分を認識することでもある。

英語と日本語のあいだで、対応するもの、見合うもの、等価なものを見定めることは、英語による表現、英語の発想に対する柔軟な姿勢を養うことにもつながる。日本語のこの言い方には、英語のこの表現が「ほぼ」見合う。日本語で発想すればこうなるほかない言い方が、英語では表現できない。そのようなことが、おおよそ見えてくる。どんな場面にも使える「(どうぞ) よろしく」も、個々の状況に応じ、具体的な英語表現で言い換えようとするようになる。英訳された日本の小説を読んで、それほど憤慨することもなくなる。日本語でのこの表現は、英語ではこの程度の表現にしかならない。英語で表現するなら、こうなるほかないのかもしれない。そんな寛容さが身についてくる。そのような態度は、英語という言語が担う異文化そのものへの寛容さを養うことにもなる。

英語の表現法をいかに学ぶか

英語を日本語に直すという作業で養われるそのような感覚は、英語を書く際にも生かされる。

自分で英語を書く際には、まず文法の知識が試される。知識と言うより、その運用能力が問われる。文字通り体得していなければ、役に立たない。ごく簡単なことなら、型にはまった言い方をそのまま真似れば済む。だが、自分自身が感じること、考えることを英語の文として組み立てるためには、まず文法の力がものをいう。

少し慣れてくると、自分が日本語で発想することと、英語で表現できることの隔たりに悩まされる。日本語で考えたことを、そのまま英語にしようとしてもうまくゆかない。英語にしたつもりでも、母語話者の添削を受けるとバッサリと切られてしまう。そのうえで、これは英語の書き方ではない、英語の発想を学ばなくてはいけない、などと指摘されたりする。

たしかに、そうなのである。英語には英語の表現法がある。英語の発想に倣って書かなければ、読み手にわかってはもらえない。では、そうした英語の表現法、英語の発想は、どのようにして学べばよいか。

まずはたくさん読むこと。たくさん読むことで、英語の表現法、英語の発想法に慣れるほかない。聞き取りの力に自信がでてきたら、聞いて覚えることもできる。慣れて、覚えて、使ってみることである。

ゆっくり読むことの重要性も見のがせない。この動詞はどういう使い方をしているのか。この副詞はどの部分をどのように修飾しているのか。そもそもこの単語はどういう意味なのか。どういう文脈で使うのか。そうしたことを、立ち止まりつつ確かめてみることができる。読むことを通じて、表現の仕方を学ぶことができる。

英語を書く機会がふえると、自分が日本語で書いた文章をそのまま英語に直そうとしても、うまくゆかないことがわかってくる。それより、はじめから英語で書いた方が、はるかに手間が省ける。内容はほぼ同じでも、個々の表現はかなり食い違ってくる。材料を提示する順序がちがってくる。段落の構成まで変わってくる。なぜそういうことがおこるのかは、英語を日本語に訳す経験を積んでいれば、自分自身でよく納得できる。

つまり、英語を書くという能力もまた、英語と日本語のあいだの対応、等価性に関する意識に深く関わっている。日本語を母語とする人間が、知的なことがらについて、もっとも深い思考を展開できるのは日本語を通してであろう。そうだとするなら、自分自身の思考過程をふまえた英語の文章を書く際には、必ずどこかで日本語から英語への変換がおこなわれているはずである。それをうまく機能させるためにも、英語と日本語のあいだの変換において何がおこるのか、英語と日本語のあいだの変換とは何を意味するのかについて、鋭い意識、感覚を養っておく必要がある。

コミュニケーションの経路をふさがない

そもそも「コミュニケーション英語」では、何を伝えるのだろう。何を受けとるのだろう。コミュニケーションとは、本来、双方向のものである。伝えるだけでは困る。受けとるだけでも困る。そのことは当然として、「コミュニケーション英語」が想定する、コミュニケーションの質とはどのようなものなのだろうか。

コミュニケーションにおいては、情報の送り手と受け手のあいだに、いわゆる「メッセージ message［mésidʒ］」が取り交わされる。メッセージの交換がうまく機能するためには、メッセージの送り手と受け手がたしかにつながっていること、メッセージが表現される言葉が理解されていること、メッセージの内容が了解されるための文脈が共有されていることが必要である。このことを、英語による口頭のコミュニケーションに限定して考えれば、以下の要件が浮かびあがってくる（以下、三つの要件を考えるにあたっては、ロマン・ヤコブソンによるコミュニケーションのモデルを参考にしている）。

一、英語を聞こうとすること、聞いてもらえていること。
二、英語という言葉が理解されていること。
三、話題になっていることについて、情報等を共有していること。

メッセージの送り手と受け手がつながっていることとは、一般には情報の経路が物理的につながっていること、つまりお互いの声が聞こえる、電話がつながっている、携帯電話の電波が届く範囲にある、といったことを想定している。インターネットを通じて海外の友人と話そうとし、マイクのボリュームを調整しながら"Can you hear me?"と聞いたりするのは、コミュニケーションの経路が確保されているかどうかを確認するためである。この「経路の確保」は、さらに広い意味に考えることができる。

英語で話しかけられて、逃げだしてしまう人がいる。その場に立ちすくんで耳をふさいでしまう人がいる。あるいは、何も言葉を返そうとしない人がいる。これは、コミュニケーションの経路をこちらから遮断してしまうことである。一方、相手が別のことに気をとられていて、こちらの言葉が耳に入らないことがある。あるいは、なぜか耳を貸してもらえないこともある。聞いてもらえない時には、あれこれ理由を考えて（少し）傷ついたりする。コミュニケーションの経路が確保されるためには、互いに相手と関わろうとする意志が、態度に示されていなくてはならない。

重要なのは、コミュニケーションの経路をふさいでしまわないことである。英語で話しかけられたら、ともかくも言葉を返すこと。経路を維持すること。ろくに返事もしなければ、この人は自分とは関わりたくないのだ、とみなされてしまう。英語では難しいと思ったら、日本語でも構わない。何か言葉を発すれば、相手はこちらにコミュニケーションの意志があることを理解する。日本語で答えていて、少しずつ英語が思い浮かんできて、日本語と英語がまじるようになる、というのでも構わない。ちなみに、(日本語話者とは思えない)相手が日本語で話しかけてきたら、日本語で答えるのが礼儀である。相手は日本語で話すことをこそ求めているかもしれない。

応用のきく定型口語表現

コミュニケーションの経路を維持するためには、とりあえず挨拶の仕方、応答の仕方の定型口語表現を覚えればよい。"Thank you."と言われたら"You're welcome."と答えればよいというようなことを、どしどし覚えてゆけばよい。もっとも、こうした定型口語表現に関する知識を有することと、それが実際に口をついて出てくることのあいだには、意外に距離がある。かなりの練習が必要である。性格も影響する。おしゃべりが好きな人がいる一方、元来が無口な人もいる。

コミュニケーションの経路を維持する表現を学ぶのは、それほど難しいことではない。学校教育においても、知識として教えるだけなら、それほど手間はかからない。問題は、そうした表現が口をついて出てくるまでに練習を重ねる場を、どこに確保するかである。「コミュニケーション英語」は、これを教室のなかに求めようとする。表現の仕方を学んだら、あとは自分で練習を重ねればよい、という意見はどうやら旗色が悪い。

定型口語表現にはさまざまなものがある。「久しぶり」と言いたい場合には、

Long time no see.

という、ごくくだけた表現がある（もともとはいわゆるPidgin Englishの表現だと言われている）。覚えようと思えば、あまり苦労せずに覚えられるだろう。発音も難しくない。また、別れ際に「がんばってね」と言いたければ、

Hang in there.

という、これもごくくだけた口語表現があって便利である。ただし、このような言い方のみで済ませようとするのは、問題が残る。たとえば"Long time no see."には応用の可能性がまったくない。ごく親しい友人に久しぶりに会い、直接相手に向かって言う、という状況以外では使いようがない。目上の人にはけっして使えない。一方、

It’s been a long time since I saw you last.［It’s a long time since …］

お久しぶりですね。

ならば、いろいろと応用がきく。“It’s been a long time”の代わりに“It’s been almost five years”（五年ぶりぐらいですね）と言うこともできるし、“since I saw you last”の代わりに“since we graduated from high school”（高校を卒業してから）と言うこともできる。さらには、

It’s been quite a while since I last saw her.［It’s quite a while since …］

彼女に会うのは久しぶりです。

といった文を作ってゆくこともできる。

定型口語表現といっても、一回かぎりの表現——応用のきかない表現で満足していては、英語の運用能力は伸びてゆかない。言い換えのきく、応用範囲の広い言い方を覚えた方がよい。そして、自分自身でさまざまに表現を言い換えてゆくには、文法の力が必要になる。

英語という言葉の約束事

コミュニケーションが成立するための二番目の要件として「英語という言葉が理解されていること」を挙げた。これは、英語という言葉の約束事が、メッセージの送り手と受け手に共有されている、守られていることが必要だということである。言葉の約束事とは、具体的には英語の文法であり、語法である。英語の文の作り方、表現の仕方、慣用が守られていなければ、メッセージはけっして伝わらない。文法や語法に関する知識の重要性は、あらためて言うまでもない。文法や語法に関する（意識的な）学習は不要だということは、外国語として英語を学ぶ日本人学習者には、けっしてありえない。

英語を話すことを促す際、文法はあまり気にせず、どんどん声に出してしゃべりなさい、と言うことがある。文法の間違いを犯すことをおそれ、沈黙してしまうのは望ましくない。間違いをおそれず、思ったことを口にしなさい、と励まされる。こうした意見にはじゅうぶんな説得力がある。多少の間違いは許容される。間違いをふくんだ英語でも「通じる」ことはいくらでもある。沈黙を通すよりよほどましである。コミュニケーションを成立させるためには、まずはどんどん話さなくてはならない。どんどん話しながら、自分自身で間違いを矯正してゆくこともできる。

ただし、間違いが許容されることと、でたらめが通用することは、けっして同義ではない。でたらめでは、残念ながらコミュニケーションは成立しない。また、深刻な誤解を生む間違いがあるという点にも、留意する必要がある。文法や語法に関する知識の不足のために誤解が生じることがあるなら、それは言葉の約束事が守られなかったため、あるいは理解されていなかったため、コミュニケーションの不全を招いたことを意味する。

メッセージの文脈を共有する

三番目に挙げた「話題になっていることについて、情報等を共有していること」とは、メッセージが依存する文脈が、メッセージの送り手と受け手のあいだに共有されていることである。

英語が聞こえてきて、英語そのものは聞き取れているのに（あるいは聞き取れている自信があるのに）、何を言っているのかわからないことがある。その多くは、話題となっていることの文脈が摑めないために起こる。あるいは、話されていることについて知識が不足しているために起こる。たとえば、映画が話題になる際、そこで言及される固有名詞（作品名、俳優の名前、監督の名前等々）の知識がなければ、話されている内容を理解するのは難しい。あるいは、サッカーが話題になった場合、サッカーそのものに興味を持たない人には、英語であれ日本語であれ、何が聞こえてきても中身はさっぱり、ということになる。

このことをより広い視野で考えるなら、ある国や地域に固有の事情、政治状況や社会制度、文化や宗教、価値観等について、ある程度の知識を持たなければ、その国や地域の人びとが英語で語ることを理解するのに、往々にして困難がともなう、ということになる。語学力という言い方で、英語によるコミュニケーションを語ることがあるが、言葉としての英語を理解しているだけでは、コミュニケーションはうまくゆかない。コミュニケーションの場において、何が文脈として共有されているか、どのような情報や価値観が前提とされているか、いちはやく嗅ぎわけ、理解する能力も、コミュニケーションを機能させるために重要な要素となる。

ただし、英語話者が前提としているコミュニケーションの文脈を共有するのは、なまやさしいことではない。知識の獲得といってもけっして容易ではない。まして、文化や価値観の領域となると、微妙な問題をはらむ。相手の文脈を察知することと、相手の文脈を了解することは、おのずから別のことだからである。また、相手の文化や価値観を理解することと、それをみずからの文化や価値観として受け入れることは、けっして同じではない。こうしたことは、英語によるコミュニケーションが話題になる際、しばしば見過ごされがちだが、不問に付してよいことではない。最終的には、もっとも重い課題として残ることがらかもしれない。

自分自身のメッセージを伝えられるか

ここでいよいよ、メッセージそのものを考えることになる。

コミュニケーションの経路の維持を論じた際、例文として挙げた「久しぶり」や「がんばってね」も、それじたいメッセージである。「五年ぶりぐらいかな」「この前会ったのはどこだっけ？」“Where did we meet last time?”といったやりとりも、立派なメッセージの交換である。

高等学校の「コミュニケーション英語」で、どのようなレベルのメッセージの交換が期待されているのか、それほど明らかではない。久しぶりに会った友人と昔話をするということでよいのか。気候変動の現実を前にして、われわれが日常生活において何ができるか論じあう、といったことが求められているのか、あまりはっきりしていない。もちろん両方できるに越したことはないが、二酸化炭素の排出量をいかに削減するか、といったことを論じるには、かなりの英語力を必要とする。

仮に後者だとするなら、考えうるのは、気候変動の問題を論じた英語の文章をいくつか読み、そこで用いられている語彙、表現等を利用しながら、自分なりの意見を組み立ててゆくという手順である。いきなり口頭で発言するのは荷が重いだろうから、まずは書いてみて、書いたものを見ながら話すことになるだろう。一旦書いたものを（できれば添削してもらって）そのまま覚えてしまってもよい。覚えた表現を、まるでその場で思いついたようなふりをして、発音に気をつけながら、抑揚をつけて話せるようになればじゅうぶんである。

ここまでの流れで重要になるのは、はじめに読む英語の文章がきちんと理解できているか、自分自身でしっかりとした英語の文が綴れるか、ということである。読解力が求められ、文法の力が必要になる。はじめに読むことになる英文は、参考にし利用するためだとしても、そこにあらわれる文の構造や表現は、しっかり理解できていなければならない。文法や語法の面から、自分なりに説明できるようでなくてはならない。それができなければ、せっかく読んだ文章の語彙や表現を利用することはできない。文章中にあらわれる表現を、自分なりに書き換えて（言い換えて）ゆく力が必要とされるからである。与えられた語彙、参考にできる表現を用いながら、自分自身で英語を綴ってゆくには、文法の力がものをいう。

勉強を厭わない真面目な高校生にも、こうした課題は少し難しいのではないかと思う。

読解力も、文法の力もじゅうぶんに固まっていない高校生に、いきなり社会問題（たとえば二酸化炭素の排出量削減の問題）を論ぜよというのは過大な要求である。単に教室内の口頭練習をふやせば、生徒たちは英語を話すようになる。英語を「英語で」教えるようになれば、かなり高度な発言もできるようになると考えるのは、やや見通しが甘い。

可能なのは、たとえば地球温暖化の危機を論じた模擬発言、模擬会話を与えて、それをまるごと覚えさせてしまうことだろう。役割分担をして、模擬「ディベート」debate［dibéit］をおこなうことも考えられる。英語じたいは、あまり凝った言い方にしないで、覚えやすい表現がよいだろう。発音とアクセントに気をつけて、抑揚や表情もつけるとよい。これは、それなりに英語の勉強になる。語彙や表現のうち、かなりの部分は忘れずに覚えていられるだろう。生徒たち自身も、内容のある英語を口にしているという気分になれる。

ただしこれは、相手が何を言うか、あらかじめわかったうえでの応答である。英語を聞き取る力も不要なら、予想しない発言に対して、その場で対処する力が求められるわけでもない。覚えた英語を、間合いを計って、一方的に口にすれば済む。あくまで擬似的なコミュニケーションである。話題がちがえば、応用はきかない。高校生たちが社会で活躍するころには、まったく異なる話題が、人びとの関心を集めているかもしれない。せっかく覚えた英語が、はたして実際の場面で「役に立つ」かどうか、かなり心許ない。

しかも、これはお仕着せの発言であり、対話である。台本を与えて、そのまま演じなさいということである。コミュニケーションの中核をなすメッセージそのものを、画一化されたかたちで教えてしまおうとすることである。模擬対話が社会的な問題に触れる場合、立場のちがいというものが当然ありうる。人の価値観に触れるような話題ともなれば、意見はさまざまにわかれるだろう。そのような問題の議論にまで「台本」を用意してしまおうとするのなら、それは英語教育の役割を逸脱することになりかねない。

メッセージは、あくまで自分自身のメッセージであってほしい。自分自身で考えたこと、判断したことを、発言すべきである。双方向のコミュニケーションを図るには、相手の発言をしっかりと（聞き取って）理解し、それに応じた発言を工夫することも必要となる。これを英語でおこなうのは、日本人学習者には、なかなか困難なことである。高校生の段階で、はたしてそこまで可能かといえば、かなり懐疑的にならざるをえない。

基礎力あっての応用力

コミュニケーション能力を養おうとする意図はよい。だが、伝えるべきメッセージを、自分自身、英語で表現しうる力を育てるのは、たやすいことではない。高校生ともなれば、自分が英語で表現できるメッセージが、自分の知的能力のレベルにくらべて、どの程度のものなのか、はっきりと認識できる。彼らが、お仕着せの台本で満足できるとも思えない。自分には、それなりに伝えたいメッセージがあると感じるはずである。

自分自身で英語を理解し、英語の文を作ってゆける基礎的な力を軽視して、うわべの成果を求めようとしても、真の意味での応用力は身につかない。基礎力あっての応用力である。自分自身のメッセージを、自分自身、英語で表現できることが応用力だとするなら、まずは基礎を固めなくてはならない。学校教育のかぎられた（ほんとうにかぎられた）時間のなかで優先すべきは、まずは基礎学力を養うことであるはずである。英語の「授業は英語で行う」ことで、日本人英語学習者が取り組まなくてはならないさまざまな課題が、すぐに（そしてすべて）解決できるとは思えない。「コミュニケーション英語」は、いたずらな幻想をふりまくべきではない。

多彩な慣用表現

最後に、別の観点から、英語によるコミュニケーションを考えてみたい。

口頭での英語のコミュニケーションをおこなうにあたって、便利な表現はたくさんある。たとえば、こんな表現である。

Please show me the ropes.
コツを教えてください。

Can you give me a rain check?［Can I give you a rain check?］
また今度、ということにしてくれませんか。

最初の例文に出てくるthe ropes［róups］には「(仕事などの)やり方、こつ、内情」(『小学館プログレッシブ英和中辞典』)という意味がある。ここからknow the ropes(仕事のやり方を知っている、内情を知っている)という表現や、learn the ropes(仕事のやり方を覚える)といった表現が生まれる。また、二番目の例文にあらわれるrain checkとは、野球の試合が雨で中止になった時に渡される、つぎの試合のための引換券(雨天順延券)のことである。観光船でホエール・ウォッチングに出かけて、鯨があらわれなかった時にも貰える。そこから、パーティなどに招待されて(あるいは、何かに誘われて)、こちらの都合が悪い時、つぎの機会にしてくれるよう頼むことを意味するようになる。いずれも、覚えやすく使いやすい表現である。

英語を勉強していると、こうした慣用表現にはつぎつぎに出会う。知らない表現は無限にあるように思える。よく知っているつもりの単語でも(よく知っているつもりの単語だからこそ)、辞書で熟語・成句の欄を眺めて、呆然とすることもある。もっとも、日本語の慣用表現の多彩さを思いみるなら、これは当然のことである。英語という言葉は、とても豊かなのである。

慣用表現は、地道に覚えてゆくほかない。知らなければ、言われてもわからないし、知らない表現は、往々にして聞き取ることも難しい。rain や check は聞こえていても、rain check とつづくと聞き取れない、ということがありうる。

日本人英語学習者に期待されること

ただし、こちらから英語を発話する際、慣用表現に頼ってしまうのは、あまり好ましいことではない。慣用表現で言いあらわされることは、たいていはごくふつうの言い方で済ますことができる。たとえば、いま挙げたふたつの表現は、それぞれつぎのように言い換えることができるだろう。

Please show me how to do it [how I can do it].

そのやり方を教えてください。

Can you make it another time soon ［another time in the near future］?

いつか近いうちに、ということにしてください。

外国語として英語を学ぶ日本人は、まずはこうした（学校の英語の授業で習うような）一般的な言い方で話す力を身につけるべきである。文法の知識を借りて、自分自身で作りだしてゆける表現を心がけるべきである。作りだした文は、すこしぐらい堅苦しくても構わない。本や教科書の匂いのする表現を恥じる必要はない。文法に適《かな》った、意味が伝わる文を話すことができればそれでじゅうぶんである。

中国人と韓国人と日本人が、英語で話すという状況を考えてみよう。同じ漢字文化圏に属し、かつての教養人なら漢文で筆談もできたはずの三者が、英語で話さなくてはならないという状況は、実際に経験すると不思議な感じを持つ。残念ながら、中国語も韓国語も話せる日本人は少ないし、韓国語も日本語も話せる中国人や、中国語も日本語も話せる韓国人は、まれにしかいない。やむをえず「世界共通語」としての英語で話すことを余儀なくされる。

相手の英語力は千差万別で、アメリカ人そのままのような英語を話す人もいる。だが、たいていは、やはり外国語として英語を学んだ人たちである。そのような場では、英語の慣用表現はしばしば役に立たない。ましてや、スラングと呼ばれる英語の俗語など、通じるあてはない。仮に"Can you give me a rain check?"と言って怪訝な顔をされ、"What do you mean by a rain check?"（rain check ってどういう意味ですか？）と聞かれた際には、よりわかりやすい表現に言い換える力がなくてはならない。慣用表現を覚えることが英語を学ぶことだと思っていると、しばしばこの言い換えができない。話はそこで途切れてしまう。

あるいは、イタリア人やトルコ人と英語で話すことを想定してもよい。イタリア語やトルコ語を学ぶことはもちろんあってよいが、イタリア語もトルコ語もできなければ「世界共通語」の英語で済ますことになる。彼らもまた、外国語として英語を学び、外国語としての英語を話す。そのような際、相手にもっともよく通じるのは、けっして慣用表現たっぷりの英語ではない。

もちろん、英語母語話者を相手に、慣用表現や俗語を織り交ぜて話せるようになるのは、悪いことではない。できるようになるなら、それに越したことはないし、英語の世界に溶け込めたという気持ちにもなれる。母語話者の方も、歓迎することだろう。

だが、そのような英語を話すことが、日本人英語学習者に期待されることだとは思えない。英語母語話者のような英語を話すことが、日本人英語学習者の到達目標ではないはずである。英語学習の必要性が声高に叫ばれるのは、英語が「世界共通語」として汎用性を持ちうるからである。世界共通語としての性格を重んじるなら、それはブラジル人にもタイ人にも通じる英語でなくてはならない。

慣用表現はたくさん知っていた方がよい。俗語のたぐいも知っていて損はない。英語を読んだり、聞いたりする際には、どうしてもそのような知識が必要となる。ただし、慣用表現や俗語をちりばめた英語が話せるようになることが、日本人英語学習者として、英語の運用能力を身につけることではない。「役に立つ」英語を身につけることと、英語母語話者のような英語が使えるようになることとは、必ずしも同義ではない。

「世界共通語」としての英語

英語学習においては、まず英語母語話者の英語がモデルとなる。発音は英語母語話者の標準的な発音を身につけた方がよい。英語母語話者が文法的にも語法のうえからも正しいと認める英語を学ぶべきである。ただし、日本人英語学習者としては、そこまででじゅうぶんである。英語母語話者同士が、気楽に軽口をたたくような英語はモデルとならない。

聞いてわかることはあってよいが、自分で使う必要はない。

　本書の第一章で、帰国子女たちへの劣等感が、英語学習の意欲を削いでしまっているのではないか、という観察を述べた。帰国子女たちの流暢な英語を耳にして、とてもあんな風にはなれない、ムリだという思いが、日本の高校生や大学生たちの英語学習への取り組みに、少なからぬ影響を及ぼしているのではないか、との感想を記した。もしもこれが事実だとするなら、それは到達目標の設定に誤りがあるということになる。日本人英語学習者は、話す英語の流暢さをめざす必要はない。英語を理解し、英語で理解してもらうことができるようになればよい。あまりうまくはなくとも、英語で「コミュニケーション」が図れれば、目的は達せられる。「世界共通語」としての英語は、それでじゅうぶんなはずである。

　日本に暮らしていて、日本人英語学習者が学ぶ英語は、いわゆる学校英語でじゅうぶんである。日本の学校英語は、きちんと学んだならば、「世界共通語」としてじゅうぶんに通用する。問題は、学校で学ぶ英語が（とくに文法が）しばしば消化しきれないこと、じゅうぶんな練習の時間が教室のなかだけでは確保しえないこと、実際に使ってみる機会が乏しいことである。ただしこれは、個人の努力でかなりの部分が補える。文法をわがものとし、辞書を引くことを覚え、英語の文章を解読し、学んだ表現を声に出して反復練習するのは、個々人がおこなうべきことである。そもそも、みずから学ぶ意欲が乏しければ、教室でいくら練習の機会をふやしても、効果は薄い。

まず読む力

高等学校段階の英語の授業の一部が英語でおこなわれることに、私は反対しない。だが、高等学校の英語教育から、(日本語による) 文法の学習と訳読を排除することはできないし、排除すべきではないと思う。長い目で見て英語の力を伸ばしてゆくには、文法は文字通り体得しておかなくてはならない。インプットの重要な回路として、読む力を養っておくことがどうしても必要となる。聞く力を伸ばすためには、読む力が土台となる。くりかえしになるが、日本人英語学習者が英語を読む力を鍛えるには、英語を日本語に訳してみるのが、もっとも効果的である。

日本の英語教育に、解決すべきさまざまな問題があることは、よく認識しているつもりである。日本人英語学習者の、英語によるコミュニケーション能力が、現状において満足すべき水準にあるとはけっして思わない。だが、高等学校の英語の「授業は英語で行う」ことで、課題の多くが(即座に) 解決できるかのように考えるのは、危険ではあるまいか。ひそかに恐れるのは、すべてが中途半端に終わってしまうことである。読解力の水準が現状を（はるかに）下回り、書く英語に文法力の不足が露呈し、口頭での「コミュニケーション」能力は初歩的レベルにとどまる、というような状況が生まれるのだとしたら、日本の英語教育はさらに大きな問題を抱えこむことになる。

「文法・訳読」は、あたかも日本の英語教育の元凶のように言われることがある。私は、この意見に与《くみ》しない。英語の四技能「読む」「聞く」「書く」「話す」は、もちろんバランスよく身につけることが望ましい。だが、日本に暮らしていて英語を学ぶかぎり、これが（一時的に）いびつなかたちになるのは、やむをえないことだと思う。バランスをとろうとするがため、低きにつくことは好ましくない。簡単な「英会話」はできるようになっても、英語で本が読める力を培う場がなくなったら、とても困ったことになる。実際に社会に出て、英語で実務を取り仕切ってゆける層が、育たなくなるおそれがあるからである。現在の日本の教育体制のもとでは、文法の力、読む力を養うことを先行させておくのが賢明である。まずは、インプットの回路を確保できる力をつけておくべきである。話す力はそのあとでよい。その方が、長い目で見れば話す力も伸びてゆくはずである。

英語による「コミュニケーション」は、単に（あたりさわりのない）会話を維持することではない。メッセージをきちんと理解し、メッセージをみずから作りだしてゆくことである。メッセージが依拠する文脈を察知し、理解する力も求められる。そのような力は、口頭での練習をふやしてゆきさえすれば、(自然に) 身につくというものではない。口頭での練習を、週に数時間、数十人いる教室でおこなえば、(難なく) できるようになるわけではない。そもそも「コミュニケーション」には、読むことも、書くこともふくまれる。こちらが話すだけでなく、相手が話すことを聞くことも重要になる。

日常生活が英語でいとなまれる場に身を置くならばともかく、日本で英語という外国語を身につけてゆくには、日本にいながら効果をあげる学習方法を第一に考えなくてはならない。それは、まずきちんと文法を学び、読む力を蓄え、聞く力を養うことである。学校の教室では、生徒たちが独力では学びにくいと感じるものを、優先して教えるべきである。それがまさに「文法・訳読」に他ならない。口頭練習は自分自身で工夫できる。

文法がある程度理解できたと思ったなら、辞書を引きながら、さまざまな英語を読んでゆくことが求められる。日本で生活しながら英語を勉強してゆくにあたり、読む力は、英語学習のもっとも重要な回路になる。日本人英語学習者が英語力を伸ばしてゆくためには、まず読む力をつけること。そのことを、あらためて認識する必要があるはずである。

あとがき

平成二十一（二〇〇九）年三月に公示された新指導要領では、平成二十五（二〇一三）年度から、高等学校の英語の授業は英語でおこなうことが示された。文部科学省が打ちだした、この唐突とも思える方針には、強い危機感を覚えざるをえない。

日本の高等学校の教室で、はたして英語の授業を英語でおこなうことができるかどうかは、実現可能性という文脈で語られることが多い。本書でも、授業を英語でおこなうことができるかどうか、主に教室で教わる生徒の側の問題として論じた。英語の授業を英語でおこなうことで、理解度と定着度は低下するのではないか、かえって学習効果は上がらないのではないか、英語でおこなわれる授業に過大な期待を寄せるのは危険ではないか、との懸念を述べた。

日本の高等学校において、英語の授業を英語でおこなうことが、はたして現実的なことなのかどうかは、多くの人びとが疑問とする点であろう。本書では触れなかったが、先生方の力量ということも、けっして避けて通ることができない論点である。

ただし、高等学校の英語の授業はすべて英語でおこなうという方針について、単に実現可能性という観点からのみ議論しようとすることは、かえって問題の本質を見誤ることになるのではないかと思う。できるかできないかという問題の立て方は、できなければできるような環境を整えればよい、できるような方法（あるいは教材）を考案すればよい、という当然の結論を導く。また、しなくてはならないことなら、万難を排しても実現を図らなくてはならない。

本書は、現在の日本の教育制度を前提とするかぎり、英語の授業を（英語ではなく）日本語でおこなうことには積極的な意味がある、という立場から書かれている。英語の授業を英語でおこなうことはあってよいが、日本人英語学習者には、日本語でこそおこなわれるべき英語の授業があるはずだ、という主張が込められている。英語の授業を日本語でおこなうことの積極的な意味が何であるかは、本書の記述を通して、理解していただけたものと信じる。

現在、私は、大学の学部学生を対象にした、英語の授業を担当している。これは、二十代の後半に大学に勤務しはじめてから、二十数年にわたってつづけてきたことである。その間、英語を学ぶこととは何なのか、英語を学ぶにはいかにすべきか、折にふれて考えることがあった。二十数年の経験にもとづいて、自分なりの考えが固まってきているようにも思う。

ただし、私は英語英文学科に代表される英語を専門とする学科の出身ではないし、英語教育を研究対象分野にしているわけでもない。新指導要領が示した、高等学校の英語の「授業は英語で行う」という方針には強い危惧を覚えたが、これに対して発言するのは私の能《よ》くするところではない、英語教育を専門に研究する方々が、然るべき議論をするのであろうと考えていた。

ところが、当然あるものと期待した議論はほとんどなかった。少なくとも、小学校への英語教育の導入が話題になった際のような、社会的論議の広がりはまったくなかった。日本の英語教育をいかにすべきかは、つねにマスコミ等の関心を呼ぶが、高等学校の英語の「授業は英語で行う」という方針の是非をめぐっては、不気味な無関心と奇妙な沈黙が支配しているように感じられた。

英語の授業を英語でおこなうこととなれば、いわゆる訳読という作業は、教室から姿を消してしまう。学部の専門課程や大学院で外国語文献を扱う立場からすると、ことは容易ならぬ問題をふくんでいる。訳読はそれなりの訓練を要する。高等学校で訳読を経験したことのない学生に「そこはどういう意味だろう」とは言えなくなってしまうかもしれない。日本語を母語とする学生が、英語（あるいは英語以外の外国語）のテキストを深く読み込み、内容の解釈にわたる議論をする際、日本語を排除してしまうのはけっして好ましくない。英語だけでやるとしたら、議論のレベルはかなり低下する。知的訓練の質が維持できなくなる。訳読の排除により、大学の外国語教育、教養教育、専門教育は甚大な影響をこうむる。その影響は、やがて日本社会全体におよぶことだろう。

ただし、日本人英語学習者にとって、訳読という作業が持つ意義について、私自身それほど整理ができていたわけではない。訳読は大事だし、なしで済ませるわけにはゆかないと、直感的には判断できる。だが、訳読ということの本質的な意味について、必ずしもしっかり考え抜いていたわけではない。

そのことを曖昧なままにしておいてはいけないと思った私は、訳読とは何かについて、あらためて自分なりに考えてみることにした。また、日本語で英語を教える（教わる）ことの意味について考えてみた。そこで浮かびあがったのが、文法をいかに学ぶかという問題である。テキストの読解を、具体的にどのようにしておこなうかという問題である。最終的には、日本の英語教育で長らくおこなわれてきた「文法・訳読」の意義を再確認することになったが、これは時流に逆行する意見かもしれない。何をいまさら、という反応はじゅうぶんに予想できる。

本書の記述では、日本人英語学習者が身につけるべき英語力を、やや高めに設定していたかもしれない。英語嫌いの高校生には（あるいは英語に苦手意識を持つ方々には）、もっと手前のところで、手当てすべきことはたくさんあるだろう。そのことは、さまざまな場で英語を教えた経験のある人間として、よく承知しているつもりである。

英語嫌いの高校生や大学生は、英語を習いはじめた時、そもそも母語としての日本語と、外国語としての英語との回路を、うまく設定できなかったのではないかと思う。私自身、中学校で英語を習いはじめるまで、外国語を学ぶということがどういうことなのか、うまく納得できなかったし、外国語というものに、ある不思議な感じを抱いたものである。自分は（日本語の）本も読むし、作文もする。エイゴというものは、そういう自分自身の言葉の力とどうつながるのだろう。何をどうすれば、話したり、書いたり、読んだりできるようになるのだろう。そのことがよく理解できなかった。

そのころ（たぶん小学生のおわりのころ）は、英語というものは何から何まで覚えなくてはならないのだ、とは思っていなかった。何から何までちがう、とも思わなかった。英語の単語というものは、ひとつひとつ覚えなければ発音すらできないのだ、などとは夢にも思わなかった。

だが結局、何から何まで覚えなくてはならなかったし、何から何までちがうのである。外国語を知らない小学生が、まさか、と思うようなことが、英語の勉強をするということだった。嫌いになる中学生や高校生がたくさんいても、不思議ではない。

英語に慣れる、慣れさせる、といっても簡単な話ではない。そんな厖大な時間が、学校教育の枠のなかでまかなえるはずもない。それよりは、母語としての日本語に照らした理解を図った方が、学習者の抵抗はよほど少ないだろう。英語と日本語のあいだの回路をきちんと確保しておいた方が、学習の効率はよい。

英語と日本語のあいだの回路といっても、単に英語を日本語に訳す、日本語を英語に訳す、ということではない。本書の第五章で論じたことではあるが、ふたつの言語のあいだで、対応するもの、見合うもの、等価なものをみつける感覚を養うことが重要になる。英語と日本語のあいだには、重なりあう部分と重ならない部分がある。そのことを、英語を習いはじめた中学生や高校生に(あるいは小学生に)、原理として理解してもらうのは、かなり難しい。難しいけれど、そうした感覚を育てることをおろそかにはできない。それは、日本語で発想しても英語にはならない、結局はすべて覚えるしかない、という覚悟を促すことにつながる。

読む力ということで言えば、差し迫った大きな危機について、語らないわけにはゆかない。使えない、役に立たない、と言われつづけた日本の英語教育だが、高等学校を卒業し、大学に入学するころには、まがりなりにも英語の文章が読めるようになる。すこし背中を押してやれば、論文も読めるし、新聞記事も読める。これは、かなりの英語力だと考えてよい。そのような学力が、指導要領の改訂により、必ずしも保証されなくなるのだとしたら、大学での教育は根本から考え直さなくてはならない。また、大学を卒業し、日本社会の中枢で働くことを期待される人びとの外国語能力にも、大きな（暗い）影を落とすことになる。英語で簡単な会話をこなせる層は厚くなっても、英語で本が読める人の数が激減してしまうとしたら、日本の将来は危ういかもしれない。英語を読む学力を備えた層、読む学力を基礎に高度な英語運用能力を身につけてゆける層は、日本の社会のためにも絶対に確保しておく必要がある。

英語教育の世界では、さまざまな教育法（メソッド）が話題になり、流行し、廃《すた》れていった。そのひとつひとつを取りあげ、検討を加えるのは、私の力のおよぶところではない。だが、英語教育の（時代の先端をゆく）方法論が主な実践の場として想定してきたのは、（小学校をふくめた）中学校段階までの（早期）英語教育ではなかったか、というのが私の印象である。高等学校段階の英文法はどのように教えればよいか、やや複雑な論理が展開する英語の文章はどのように読み解けばよいかといったことは、教育法としてあまり話題にならなかったように思う。高等学校の生徒たちの知的成熟度はけっして侮れない。強い自意識が目覚める時期でもある。高等学校の生徒たちの知的自尊心に応える英語教育という視点も、けっして忘れてはならないと思う。

私は、英語を話す訓練など必要ない、と主張しているわけではない。英語は話すべきだし、話す努力をすべきだと思う。また、英語の授業を英語でおこなう必要はない、と言っているわけでもない。英語母語話者による英語の授業があげる効果は大きいし、母語話者ではない日本人の先生が英語を話すことの意味も、過小評価すべきではない。私自身は、日本人の先生が（流暢とは言えない）英語で談笑し、議論する姿を見て、学生のころ大いに勇気づけられた。

私が主張したいのは、現在の教育制度の枠組みを考えた場合、高等学校の教室における英語学習だけで、英語が話せるようになると考えるのは無理があるし、学校の教室では、「話す」ことよりも優先して教えるべきことがあるはずだということである。高校生たちに向けては、いまむやみに焦る必要はないし、じっくりと文法を学び「読む」力を蓄えた方が、将来のためにはよい、と伝えたい。大学生たちには、さらに読む力を蓄えて、自分自身のメッセージを、英語で書き、話す力を身につけてほしいと思う。母語話者による授業にはぜひ出席してほしいし、母語話者と話す機会はみずから積極的に求めていってほしい。一般の方々には、学校英語で学ぶ基礎は必ず「役に立つ」し、あとは自分の努力次第なのだ、と申し上げておきたい。

英語に堪能な人の数は、確実にふえている。英語で仕事をしなくてはならない人、みずから思考し判断したことを英語で表現することを求められる人も数多くいる。ただし、そのような人びとも、日本の社会に身を置く以上は、まず日本語で生活しなくてはならない。日本語を捨て、日本の社会から離れようとするのでないかぎり、蓄えた英語の力は、どうしても日本語との回路・接点を必要とする。英語の力を通じて達成しえた成果は、日本語によって、日本の社会にも還元すべきである。高度な運用能力を身につけた日本人英語学習者は、日本の社会とどう向き合うのか、しっかり考えておく必要がある。英語という外国語を、日本社会のなかにどう位置づけるべきなのか、真剣に考えなくてはならない。

こうした根本的な問題の議論を等閑に付して、単に英語が話せればよいとする議論は底が浅いのではないか、ということも本書の論点のひとつである。

本書の執筆を思い立ってから、思いの外、時間がかかってしまった。教室で英語を教えることをなりわいとしながら、英語教育の分野での論議にあまり明るくなかったのも一因だったし、直感的にムリだとは思ったものの、ことを分けて論ずるのに手間どったこともある。英語教育を専門に研究している方々には、英語をはじめいくつかの外国語とつきあってきた一人の日本人の、これは偽らざる思いだと受けとっていただきたい。

自分なりに英語を学ぶこと（教えること）を考えるにあたっては、勤務先の大学の同僚、とくに東京大学教養学部英語部会の同僚との、日々の会話に大いに裨益《ひえき》された。斎藤兆史《よしふみ》氏にはとくに感謝の意を捧げたい。学内広報に、訳読を排除することへの疑問を綴った「訳読について」(東京大学『教養学部報』第五二一号、平成二十一年六月)を寄稿した際、英語教育、英学史に詳しい斎藤氏は、月刊『英語教育』(平成二十一年八月号)の「英語教育時評」で全面的な賛意を示してくださった。氏の著書に学んだことも多い。また「訳読について」を発表した直後には、平川祐弘《すけひろ》先生と行方《なめかた》昭夫先生に励ましのお手紙、メールをいただき、大いに勇気づけられた。『研究社新和英大辞典』の執筆者の一人である、同僚のトム・ガリー氏には、本文中の例文の校閲をお願いし、貴重な助言をえた。同じく同僚のアルヴィ宮本なほ子氏、さらに中央大学で教鞭をとっておられる新井潤美《めぐみ》氏にも、貴重な御意見をいただいた。その他お名前を挙げないが、多くの同僚、友人に対し、この場を借りて御礼申しあげたい。ただし、本書で述べた英語教育、英語学習に関する意見、立場は、あくまで私自身のものであることは、申し添えておかなくてはならない。

最後に、講談社現代新書出版部の所澤淳氏には、草稿の段階で、いくつか具体的で有益な助言をいただいた。記して感謝の意を述べたい。

平成二十二年十月

著者識

講談社現代新書　2086

英語《えいご》と日本語《にほんご》のあいだ

二〇一一年一月二〇日第一刷発行　二〇二五年五月七日第八刷発行

著　者　菅原克也《すがわらかつや》　©Katsuya Sugawara 2011

発行者　篠木和久

発行所　株式会社講談社

東京都文京区音羽二丁目一二—二一　郵便番号一一二—八〇〇一

電　話　〇三—五三九五—三五二一　編集（現代新書）

〇三—五三九五—五八一七　販売

〇三—五三九五—三六一五　業務

装幀者　中島英樹

印刷所　株式会社ＫＰＳプロダクツ

製本所　株式会社ＫＰＳプロダクツ

定価はカバーに表示してあります　Printed in Japan

N.D.C. 375.893　236p　18cm

ISBN978-4-06-288086-2

「講談社現代新書」の刊行にあたって

教養は万人が身をもって養い創造すべきものであって、一部の専門家の占有物として、ただ一方的に人々の手もとに配布され伝達されうるものではありません。

しかし、不幸にしてわが国の現状では、教養の重要な養いとなるべき書物は、ほとんど講壇からの天下りや単なる解説に終始し、知識技術を真剣に希求する青少年・学生・一般民衆の根本的な疑問や興味は、けっして十分に答えられ、解きほぐされ、手引きされることがありません。万人の内奥から発した真正の教養への芽ばえが、こうして放置され、むなしく滅びさる運命にゆだねられているのです。

このことは、中・高校だけで教育をおわる人々の成長をはばんでいるだけでなく、大学に進んだり、インテリと目されたりする人々の精神力の健康さえもむしばみ、わが国の文化の実質をまことに脆弱なものにしています。単なる博識以上の根強い思索力・判断力、および確かな技術にささえられた教養を必要とする日本の将来にとって、これは真剣に憂慮されなければならない事態であるといわなければなりません。

わたしたちの「講談社現代新書」は、この事態の克服を意図して計画されたものです。これによってわたしたちは、講壇からの天下りでもなく、単なる解説書でもない、もっぱら万人の魂に生ずる初発的かつ根本的な問題をとらえ、掘り起こし、手引きし、しかも最新の知識への展望を万人に確立させる書物を、新しく世の中に送り出したいと念願しています。

わたしたちは、創業以来民衆を対象とする啓蒙の仕事に専心してきた講談社にとって、これこそもっともふさわしい課題であり、伝統ある出版社としての義務でもあると考えているのです。

一九六四年四月　野間省一

世界の言語・文化・地理

958 英語の歴史——中尾俊夫
987 はじめての中国語——相原茂
1025 J・S・バッハ——礒山雅
1073 はじめてのドイツ語 福本義憲
1111 ヴェネツィア——陣内秀信
1183 はじめてのスペイン語 東谷穎人
1353 はじめてのラテン語 大西英文
1396 はじめてのイタリア語 郡史郎
1446 南イタリアへ!——陣内秀信
1701 はじめての言語学 黒田龍之助
1753 中国語はおもしろい 新井一二三
1949 見えないアメリカ——渡辺将人
2081 はじめてのポルトガル語 浜岡究
2086 英語と日本語のあいだ 菅原克也
2104 国際共通語としての英語 鳥飼玖美子
2107 野生哲学——管啓次郎 小池桂一
2158 一生モノの英文法——澤井康佑
2227 アメリカ・メディア・ウォーズ——大治朋子
2228 フランス文学と愛——野崎歓
2317 ふしぎなイギリス——笠原敏彦
2353 本物の英語力——鳥飼玖美子
2354 インド人の「力」——山下博司
2411 話すための英語力 鳥飼玖美子

F